中国科学院新时代科技报国先进典型事迹选

"一所一人一事"活动事迹精选集

中国科学院直属机关党委 ◎ 编

科学出版社

北京

图书在版编目（**CIP**）数据

中国科学院新时代科技报国先进典型事迹选："一所一人一事"活动事迹精选集/中国科学院直属机关党委编.—北京：科学出版社，2020.1
ISBN 978-7-03-063509-9

Ⅰ.①中⋯ Ⅱ.①中⋯ Ⅲ.①中国科学院-先进工作者-先进事迹
Ⅳ.①K826.1

中国版本图书馆CIP数据核字（2019）第264934号

责任编辑：侯俊琳 朱萍萍 张 楠 / 责任校对：贾伟娟
责任印制：师艳茹 / 封面设计：有道文化
编辑部电话：010-64035853
电子邮箱：houjunlin@mail.sciencep.com

科学出版社 出版
北京东黄城根北街16号
邮政编码：100717
http://www.sciencep.com
中国科学院印刷厂 印刷
科学出版社发行 各地新华书店经销
*
2020年1月第 一 版 开本：720×1000 1/16
2020年1月第一次印刷 印张：10 1/4
字数：204 000
定价：68.00元
（如有印装质量问题，我社负责调换）

本书编写组

组　长：李和风

副组长：房自正　李　斌　唐　琳

成　员：（以姓名笔画为序）

　　　　王　玉　王　娟　王秀琴　朱世慧　杨　抑

　　　　杨　萃　岳爱国　屈　哲　傅　芳　魏　蕾

前　言

党的十八大以来，中国科学院广大干部职工深入贯彻落实习近平总书记"三个面向""四个率先"要求，扎实推进"率先行动"计划，攻坚克难、勇攀高峰，重大成果产出成绩斐然，各项工作迈上新的台阶。

为深入推进创新文化建设，加强先进典型选树，弘扬爱国奋斗精神，根据中国科学院党建工作会议精神和中国科学院党的建设工作要点，中国科学院决定在全院组织开展"一所一人一事"先进事迹征集评选活动。活动聚焦身边榜样，旨在深入挖掘新时代科技报国的先进典型，让身边人讲好身边事，以身边事激励身边人，激发全院人员的学习和仿效意愿，形成示范引领、化风成俗的强大力量。

在2018～2019年中国科学院院属各单位报送的"一所一人一事"先进事迹材料中，我们遴选出中国科学院新时代涌现出的践行爱国奋斗精神的先进团队和优秀个人，将他们的典型事迹编写成册。上篇"率先行动"队伍前列的科研团队介绍了一批优秀的科研团队是如何秉持"创新科技、服务国家、造福人民"科技价值观，凝心聚力、砥砺奋进、再创辉煌，产出一批高水平、有重大影响的创新成果的；下篇"讲爱国奉献，当时代先锋"的践行者介绍了一大批优秀的科技工作者是如何在各自岗位上凝神聚力、辛勤奋斗、勇创佳绩的。这些先进团队和优秀个人正在以实际行动践行着爱国奋斗精神，以扎实的业绩展现着建功立业的时代担当。

身边的榜样是看得见、摸得着的。希望通过本书的出版，能够深入宣传和弘扬新时代榜样先锋的报国情怀和奋斗精神，激励广大科技工作者向新时代先进典型学习，向"身边人、身边事"学习，接续前辈精神力量，大力弘扬新时代科学家精神，勇担新使命、展现新作为。

中国科学院直属机关党委

2019年10月

目 录

前言

上篇 "率先行动"队伍前列的科研团队

◎ 十年一剑　铸"国之重器"
　　——记中国散裂中子源建设团队　/　3

◎ 打造深海探测的"中坚利器"
　　——记中国科学院沈阳自动化研究所"海翼"水下滑翔机研究团队　/　10

◎ 八年鏖战　终圆中国"光栅梦"
　　——记中国科学院长春光学精密机械与物理研究所大光栅刻划机研制团队　/　15

◎ 追求卓越　科技报国
　　——记中国科学院神经科学研究所灵长类体细胞克隆猴科研团队　/　19

◎ 打造稳态强磁场　护航原创性研究
　　——记中国科学院强磁场科学中心稳态强磁场实验装置研究团队　/　26

◎ 中国高等级生物安全领域的开拓者
　　——记中国科学院武汉病毒研究所郑店实验室党支部　/　32

◎ 开辟干细胞研究领域新天地
　　——记中国科学院广州生物医药与健康研究院干细胞多能性与重编程机理研究集体　/　36

◎ 牢记初心使命　勇担重大责任
　　——记中国科学院新疆分院驻村联合党支部　/　41

下篇　"讲爱国奉献，当时代先锋"的践行者

◎ "田野"辛勤事总知
　　——记中国科学院数学与系统科学研究院研究员田野　/　49

◎ 夜空中最亮的"星"
　　——记中国科学院云南天文台研究员陈雪飞　/　55

◎ 用古DNA解码人类历史
　　——记中国科学院古脊椎动物与古人类研究所研究员付巧妹　/　59

◎ 战斗在传染病疫情的无声沙场上
　　——记中国科学院微生物研究所研究员施一　/　64

◎ 搭起损伤再生的希望之桥
　　——记中国科学院遗传与发育生物学研究所再生医学研究中心主任戴建武　/　68

◎ 创"芯"国之重器　践行科技强国梦
　　——记中国科学院计算技术研究所研究员陈云霁　/　73

◎ 用创新"催化"社会发展
　　——记中国科学院大连化学物理研究所合成气转化与精细化学品催化研究中心主任丁云杰　/　78

◎ 神光赤子林尊琪
　　——记中国科学院上海光学精密机械研究所研究员、中国科学院院士林尊琪　/　84

◎ 中药现代化的拓荒者
　　——记中国科学院上海药物研究所研究员王逸平　/　89

◎ 女科学家智慧顶起"半边天"
　　——记中国科学院微小卫星创新研究院科研管理部部长程睿　/　93

◎ 与"悟空"同行　寻宇宙之谜
　　——记中国科学院紫金山天文台台长常进　/　97

◎ 致力能源探索　勇闯"地下空间"
　　——记中国科学院武汉岩土力学研究所研究员杨春和　/　101

◎ 不忘初心难解"钟"情　矢志不渝逐梦"北斗"
　　——记中国科学院武汉物理与数学研究所研究员梅刚华　/　105

◎ 奉献一生　只为铸就珊瑚海
　　——记中国科学院南海海洋研究所珊瑚生物学与珊瑚礁生态学学科组组长黄晖　/　110

◎ 扎根在大山里的"真扶贫"
　　——记中国科学院亚热带农业生态研究所研究员曾馥平　/　116

◎ 投身到卫星导航事业中去
　　——记中国科学院国家授时中心副主任卢晓春　/　120

◎ 戈壁盐湖献青春　执着忠诚结硕果
　　——记中国科学院青海盐湖研究所研究员王敏　/　127

◎ 扎根高原三十年　毕生书写"浆果情"
　　——记中国科学院西北高原生物研究所研究员索有瑞　/　131

◎ 沙窝窝里走出来的科学大家
　　——记中国科学院西北生态环境资源研究院研究员李新荣　/　135

◎ 乐观的化学"催化师"
　　——记中国科学技术大学化学与材料科学学院教授熊宇杰　/　140

◎ 敬业爱党　初心永挚
　　——记中国科学院沈阳科学仪器股份有限公司离休干部贾国香　/　144

◎ 电子会议系统的"幕后英雄"
　　——记中国科学院成都信息技术股份有限公司办公自动化事业部
　　　副经理崔喆　/　149

上 篇

"率先行动"队伍前列的科研团队

十年一剑 铸"国之重器"

——记中国散裂中子源建设团队

2018年8月23日是一个注定要被载入中国大科学装置建设史册的日子——中国散裂中子源（China Spallation Neutron Source，CSNS）顺利通过国家验收，正式对国内外各领域用户开放。

验收专家组对中国散裂中子源项目给予了高度评价，一致认为中国散裂中子源各项指标均达到或优于批复的验收指标，装置整体设计先进，研制设备质量精良，靶站最高中子效率和3台谱仪综合性能达到国际先进水平。

2017年8月28日，中国散裂中子源首次打靶现场

作为国家重大科技基础设施建设项目，中国散裂中子源是"十一五"期间立项、"十二五"期间重点建设的十二大科学装置之首，也是我国首台、世界第4台脉冲式散裂中子源，在材料科学和技术、生命科学、物理、化学化工、资源环境、新能源等诸多领域具有广泛的应用前景，将为我国产生高水平科研成果提供有力支撑，

3

并为解决国家可持续性发展和安全战略需求的许多瓶颈问题提供先进平台。

不仅如此，中国散裂中子源更通过自主创新和集成创新，在加速器、靶站、谱仪方面取得了一系列重大技术成果，显著提升了我国在磁铁、电源、探测器及电子学等领域相关产业的技术水平和自主创新能力，使我国在强流质子加速器和中子散射领域实现了重大跨越。

■ 十年辛苦不寻常

中国散裂中子源是我国首台脉冲式散裂中子源，其建设技术难度之高、风险之大难以想象。

自2011年10月工程奠基建设以来，作为工程指挥部总指挥和工程经理，中国科学院高能物理研究所（以下简称高能所）研究员、中国科学院院士陈和生就把东莞当成了自己的第二个家。他已记不清自己在这里度过了多少个不眠之夜、闯过了多少工程建设的难关，前进的每一步都充满了挑战、凝结着创新。

由于土建施工队伍缺乏大科学装置施工经验，2014年前后项目建设到一半时，土建工程已拖后了一年多，整个工程能否按期完成验收成为一个严峻的挑战。

为了赶回工期，陈和生带领中国散裂中子源团队背水一战，决定把通用设施的安装调试与土建施工交叉进行，先在地面把设备安装调试好，再运到隧道里重新安装。然而，此举虽然可以节约设备的调试时间，但工作量却成倍增加。

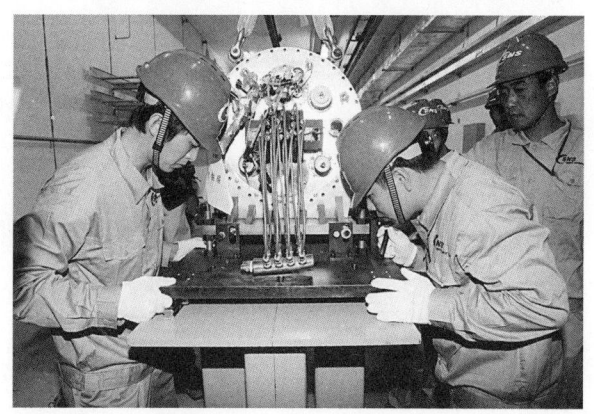

2014年10月15日，中国散裂中子源首台设备——负氢离子源下隧道安装

2014年夏天，南方连日的酷暑和高负荷工作让陈和生的健康状况一度堪忧，

而在此之前，他已经进行过多次心脏手术。可即便整个团队都在为他的身体感到担心，他也不以为然，一直坚守工作岗位。

经过几百个日日夜夜的刻苦攻关，中国散裂中子源团队终于赶回了工期。在2016年底召开的国际顾问委员会年度会议上，与会外国专家纷纷感叹项目建设的"中国速度"："难以想象你们在短短的一年里完成了如此大量的工作！"

2017年8月，中国散裂中子源顺利实现第一束质子打靶，产生的第一束中子是向党的十九大的献礼。同年11月，在加速器、靶站和谱仪首轮联合调试中，中国散裂中子源实现了25赫束流打靶运行，平均束流功率超过10千瓦，提前达到打靶束流功率的验收指标，成为该工程建设过程中最重大的里程碑。短短几个月的时间，陈和生领导中国散裂中子源团队完成了国外散裂中子源十几个月甚至数年时间才能完成的工作，其难度之大、过程之艰，可想而知。

一切已准备就绪。2018年3~5月，中国散裂中子源顺利通过工艺、设备、建安、财务和档案5个专业组的验收，完成工程建设任务，按期迎来国家验收。

■ 舍小家顾大家

2009年立项前后，中国散裂中子源工程就已经在高能所北京本部开始人才队伍的组建工作。随着工程的推进，工程建设重心从北京转移到东莞，100多名家在北京的科研人员开始了长达六七年、每年在东莞驻扎300多天的异地生活。为了中国散裂中子源的建设，他们投入满腔热情和智慧，奉献了最美好的年华。

中国散裂中子源虽然是微观世界研究的利器，但涉及的设备却成千上万。如此庞大的工程，每天遇到的大大小小的问题简直多如牛毛。

2009年，已近花甲之年的马力做了一个重要决定：投身中国散裂中子源工程建设，并担任工程常务副经理。中国散裂中子源经理部包括加速器、实验和公用设施3个分总体，即便在加速器分总体内部，各个系统之间的专业也是千差万别。为此，马力经常要不分昼夜地查阅、熟悉各种工程资料和会议纪要。

他长期保持着严谨的工作态度和良好的工作习惯，所有会议纪要、技术通知单、招标项目全部记录在案。因此，同事中留下了一段佳话：档案馆找不到的文件，最后总能在他的电脑里查到。

中国散裂中子源是高能所对异地建设模式的初次探索，一路上有鲜花也有荆棘。和其他许多北京籍人员一样，4年来，马力平均每年有超过330天的时间待在东莞。2017年除夕，他只身一人待在东莞的"出差房"里，一盘同事送来的水饺、3部电影，就打发了这个本该合家团圆的日子。

尽管长年驻扎东莞，但马力依然觉得时间不够用。为了不让事情堆积下来，他经常周末也在处理各种工作事务。正是这种事无巨细的刻苦精神，让马力成了中国散裂中子源"永动机"式的专家，对各个系统了如指掌，能够及时发现问题，并有针对性地去解决问题，确保了中国散裂中子源各个系统稳定高效的持续运行。

中国散裂中子源靶站慢化器吊装现场

中国散裂中子源作为由各种高精尖设备组成的复杂整体，工程的圆满完成离不开像马力一样的每一位建设者的辛苦付出。

为了迎接国家验收，中国散裂中子源自 2018 年开年以来就进入了紧张有序的工程调试工作中。农历春节期间，为保证联调任务的圆满完成，中国散裂中子源广大一线建设人员充分发扬奉献精神，在万家团圆欢度春节的时刻依然坚守岗位。加速器技术部、中子科学部、技术支持部 24 小时轮岗值班，园区各管理部门及物业全力以赴，做好后勤保障工作。在全体人员的共同努力下，工艺、设备、档案、财务、土建等各项工作都得到有序推进。

其中就包括中国散裂中子源直线加速器射频功率源课题组。在时间紧、任务重的背景下，课题组全体人员在兼顾加速器 24 小时出束运行的情况下，每天连续工作 14 个小时以上，终于赶在春节前圆满完成任务，为中国散裂中子源加速器速调管功率源的稳定运行提供了强有力保证，确保了中国散裂中子源工程国家验收的时间进度。

2014 年 8 月起，从美国进口的速调管陆续出现问题，不得不运回美国返厂维修，中国散裂中子源工程遭遇前所未有的困难。为此，工程领导会同课题组，利用各种渠道和方式寻求解决办法。

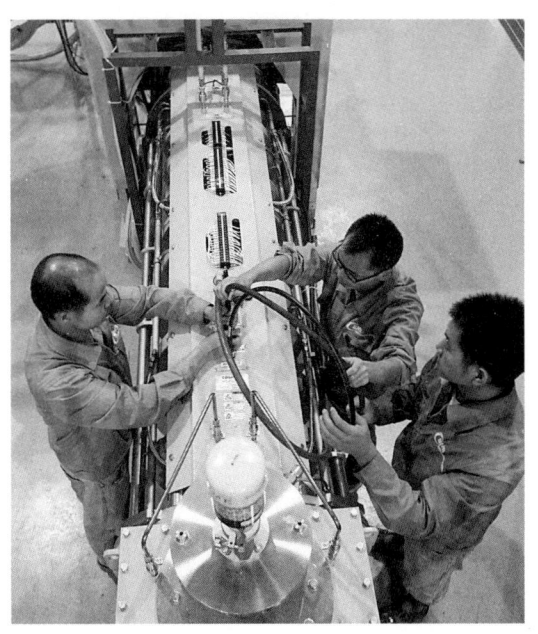

中国散裂中子源直线加速器速调管调试现场

为了确保工程调试进度，全体成员连续三年半一直维持着高强度的工作状态：系统负责人李健已经连续3个春节留守东莞；不少年轻职工的孩子都还年幼，却因经常加班而无法照看，孩子生病了也只能托付家人送医；两位单身青年也因为要保证工作进度，将各自安排好的婚期一再推迟。

经过3年多的刻苦攻关，课题组就像东莞分部的"隐形人"一般，除了开会、吃饭，大部分时间都在直线设备楼里度过，为追赶工程进度争分夺秒地工作。他们就是整个中国散裂中子源建设团队的缩影，正是因为这群"最可爱的人"，中国散裂中子源工程才得以一直朝着最后的胜利稳步迈进。

■ 培养科研新势力

作为异地建设的大型科学装置，中国散裂中子源的建设离不开一支高素质的队伍。截至2018年10月，工程建设队伍共有在编人员313人，硕士及以上学位人员占80%以上，35岁及以下青年共有214人（占全部人员的68.4%），平均年龄为35.5周岁。

中国散裂中子源建设团队注重通过多种方式加强对青年人的培养，利用主要领导团队有建设北京正负电子对撞机及其改造工程丰富经验的优势，通过一对一"老带新"的工作模式，着重提升年轻人的专业技能，并通过组织各种国内外讲座、出国学习及地方合作，拓宽青年人的视野。

正是在这种科学传承精神的指引下，中国散裂中子源不仅顺利完成国家建设任务，还培养出一支出色的加速器和中子散射研究及应用队伍。

谱仪数据分析与软件系统团队作为国内唯一一支中子数据分析专业团队，整个团队都由"80后"青年科研人员组成。

在时间紧张、数据处理难度较大的情况下，过去5年中，该团队创造性地探索出一条虚拟中子实验道路，通过创新专研，为未来新谱仪的设计与分析提供了一套可行的科学方法。团队对中国散裂中子源首期谱仪进行了完整的仿真实验，在模拟数据的基础上，成功对谱仪的分析算法和流程进行了详细的研究，确保装置第一次调试运行就成功获得满意的实验数据，结果达到或优于预期，并通过了专家组的验收，得到了高度评价。

面对世界大科学装置逐步开放共享的趋势，系统负责人张俊荣带领团队与国际上最优秀的项目团队积极开展合作，并在此基础上，自主开发了拥有完全知识产权的中国散裂中子源分析与可视化软件，做到了准实时的在线分析，基本实现了离线分析功能，这在散裂中子源大装置领域处于国际领先地位。同时，团队还开发了面向中子大数据的软件框架，真正实现了所有大装置都追求的谱仪分析软件统一。

面对大科学装置大数据化的趋势，团队充分利用最新的数据库、云计算、网络等互联网技术，从零开始研发出国内第一套面向用户的大装置信息化平台，建立了新型科研网络模式，实现了大科学装置数据与高性能超算的虚拟化服务，为科研与工业用户提供了便捷高效的入口。在中国散裂中子源调试期间，该平台顺利进行了用户账户、在线提案、元数据目录、数据存储与管理、云分析系统的试运行，与国际散裂中子源装置达到了同等水平。

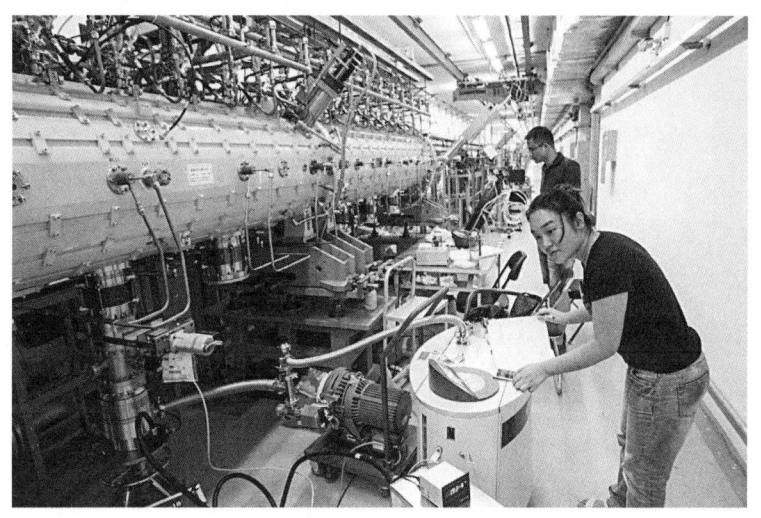

中国散裂中子源直线加速器前端设备调试现场

几度春秋，在中央及地方各级领导的支持和关怀下，在全体建设人员的共同努力下，中国散裂中子源已圆满完成工程建设任务，顺利通过国家验收。

未来，中国散裂中子源全体建设者将坚定信念，以"爱国、敬业、奉献、创新"为宗旨，确保中国散裂中子源稳定、高效运行，为建设创新型国家做出更大的贡献。

（撰文：孙晓斯）

打造深海探测的"中坚利器"

——记中国科学院沈阳自动化研究所"海翼"水下滑翔机研究团队

"早在1989年,'水下滑翔机'的概念就被美国海洋学家提出来了。2000年,美国3家单位研制出了三型水下滑翔机,并开展了海上试验。到2003年我第一次听到'水下滑翔机'这一概念时,美国已经在开展水下滑翔机试验性应用了。"

谈及当年如何与水下滑翔机结缘时,中国科学院沈阳自动化研究所(以下简称沈阳自动化所)"海翼"水下滑翔机研究团队负责人俞建成这样表示。

出于爱好,俞建成和几个学生成功申请到了沈阳自动化所12万元的自主创新科研经费,正式开始向水下滑翔机研制发起冲击。

由于欧美在水下滑翔机技术方面一直对我国采取技术封锁和禁运,因而沈阳自动化所"海翼"水下滑翔机研究团队肩负着"打破西方技术垄断、发展具有民族自主知识产权水下滑翔机"的艰巨使命。

2003年以来,在俞建成的带领下,团队科研人员发扬不怕苦、不怕累、连续作战的拼搏精神,以严谨的科学态度不断开拓创新,勇攀科学高峰,一步一个脚印,通过坚持不懈的努力,打破了国际技术封锁,使我国水下滑翔机技术达到了世界先进水平,部分单项指标达到国际领先水平。成功完成深海观测的"海翼"深海滑翔机,也"入选"了习近平主席2018年新年贺词。

■ 以创新基础研究促团队梯队建设

水下滑翔机是一项将对海洋观测技术产生颠覆性影响的深水海洋高技术,其与新一代信息技术相结合,将显著提升海洋立体观测能力,实现海洋信息的智能感知,是当前国际海洋观测技术领域的研究和发展热点。

为了使水下滑翔机更"聪明"、更智能,"海翼"水下滑翔机研究团队一直把创新放在第一位。在科学技术部、中国科学院等的相关科研项目的支持下,"海翼"水下滑翔机迅速取得了重大技术突破与研究成果,为支撑国家海洋强国建设提供了重要的海洋信息装备保障。

经过十几年坚持不懈的努力,研究团队突破了水下滑翔机总体优化、高效小型内置驱动、轻质耐压结构、自适应浮力补偿、精确航行控制等核心关键技术,实现了水下滑翔机大深度、长航程、小型化等总体技术目标,研发出我国首台1000米级水下滑翔机、首台7000米级水下滑翔机,发展形成了一批具有完全自主知识产权的"海翼300""海翼1000""海翼3000""海翼4500""海翼7000"等不同工作深度的"海翼"系列水下滑翔机,使我国水下滑翔机技术跻身国际先进水平。

2016年,"海翼7000"水下滑翔机成功下潜5751米,创造了我国水下滑翔机最深下潜纪录;2017年,"海翼7000"水下滑翔机再次将下潜深度提高到6329米,刷新了此前由美国保持的水下滑翔机最深下潜世界纪录。2017年,"海翼1000"水下滑翔机海上无故障连续工作91天,航行距离1884千米,创造了我国水下滑翔机海上连续工作时间最长、航行距离最远的新纪录,使我国成为第二个具有跨季度自主移动海洋观测能力的国家。

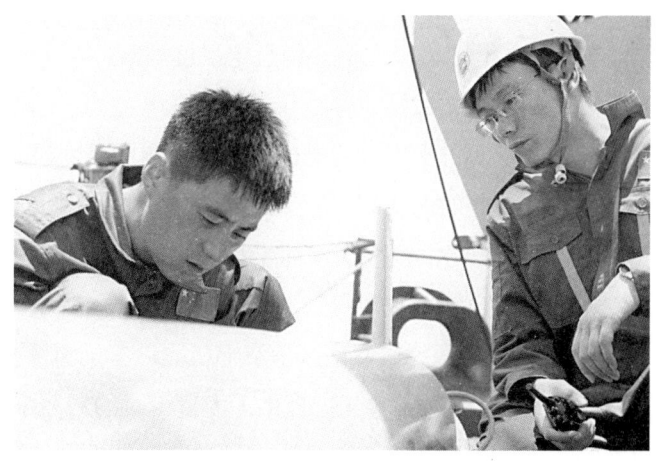

"海翼"水下滑翔机下水准备

截至2018年底,"海翼"水下滑翔机研究团队已经从最初的3人,发展到20多人。团队成员都很年轻，除了负责人俞建成这位"75后老人"，其他都是"80后"和"90后"，平均年龄刚为30岁。

"带领团队方面我没什么经验，只是这么多年始终坚持在科研一线与团队一起干，向团队成员学习，与大家共同成长、共同发展。"俞建成说。

在这个充满朝气且极富创新力的集体里，年轻科研人员得到了充足锻炼并快速成才：俞建成成长为研究室主任，"80后"机械系统负责人金文明和电控系统负责人黄琰成为科研中坚力量，还有一批"90后"研究生也纷纷开始独当一面，崭露头角。

■ 以应用基础研究塑团队攻坚能力

研究团队将"海翼"水下滑翔机技术与海洋科学深度相结合，在太平洋、印度洋等海域实施多次观测应用，获得了大量重要的观测数据，大大增强了我国的海洋信息实时获取能力。大规模、高强度的海上应用，充分验证了"海翼"系列水下滑翔机的可靠性和稳定性。

中尺度涡旋是海洋中最重要的能量物质输送过程，对海洋气候、海洋安全、海洋渔业产生重要影响，具有重要的科学研究价值。中尺度涡旋直径跨度为100～300千米，生存周期为2～10个月，涡旋中心动态移动速度约为10～20千米/天。受传统观测手段能力限制，长期以来，我国的科学家始终无法获取中尺度涡旋的高分辨率精细观测数据，未能系统揭示涡旋的产生、发展与消亡机制。

2015年，"海翼"水下滑翔机首次横穿南海中尺度涡旋，为我国科学家获得了最高分辨率中尺度涡旋断面结构数据。2016年，中国海洋大学、中国科学院海洋研究所科学家联合组织实施了3台水下滑翔机协同跟踪观测中尺度涡旋的应用，首次实现遥感与现场观测协同作业的海洋观测新模式。2017年，研究团队进一步实现了12台"海翼"水下滑翔机组成的大规模集群同步观测应用，为海洋科学家获得了最高分辨率的中尺度涡旋三维立体结构数据。

10多年来，团队研制的"海翼"系列水下滑翔机先后参加海洋科考航次10多次，为国内10多家用户单位的海洋科学家提供了大量珍贵的观测数据。基于"海翼"水下滑翔机观测数据，我国的海洋科学家已经取得多项重要的科学研究成果，部分成果发表于《深海研究》《中国科学：地球科学》等海洋科学领域国际知名期刊，从侧面反映出我国水下滑翔机完成了从试验到实用的重要转折。

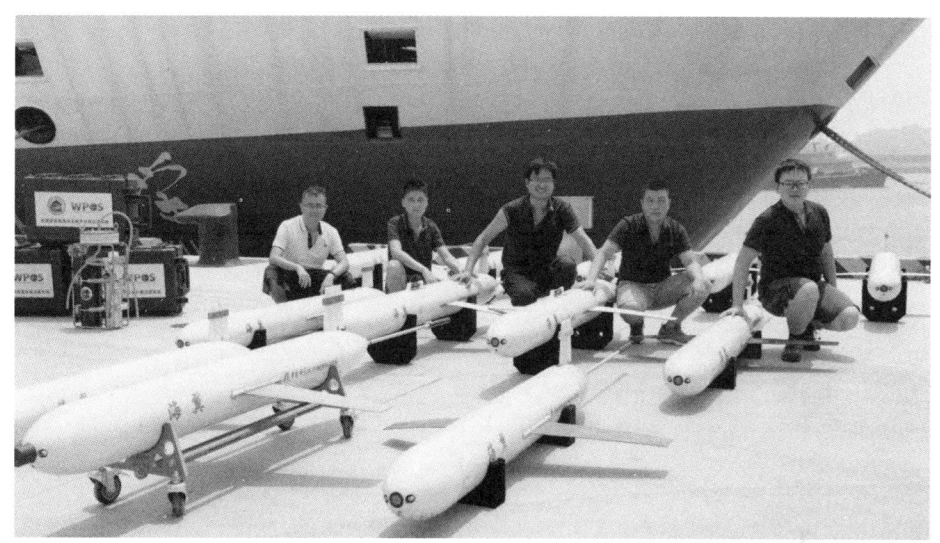

"海翼"水下滑翔机集群应用准备

"目前我们已经把水下滑翔机基本原理、核心技术等问题都弄清楚了,研制出的'海翼'系列水下滑翔机系统可以满足多种海上调查与科考任务应用要求。下一步我们将重点提升水下滑翔机的续航能力,同时积极推进水下滑翔机的规模化、集群化应用,使水下滑翔机技术尽快为我国海洋科学研究与海洋强国建设服务。"俞建成如是说,"我国水下滑翔机技术发展已经从之前的技术攻关、单项指标突破的初级阶段,进入到集成高技术综合性能提升和产生应用效能的新发展阶段。"

■ 以党建工作引领聚团队创新动力

党的十九大报告指出,坚持陆海统筹,加快建设海洋强国。"海翼"水下滑翔机取得的重大技术突破和研究成果,为支撑国家海洋强国建设提供了重要的海洋信息保障技术基础。

研制水下滑翔机,需要集成基础研究的成果和多种相关技术,需要多学科交叉,需要一支凝聚力强且具有钢铁般战斗意志的队伍。作为海洋机器人卓越创新中心党支部书记,俞建成始终重视党建工作在打造优秀科研团队中发挥的作用与影响。

"海翼"水下滑翔机团队中的大部分成员是党员,在工作实践中,这些同志逐步成为"海翼"攻坚克难的有生力量。自党支部成立以来,俞建成带领全体党员积极响应沈阳自动化所党委号召,就基层党建工作如何促进科技创新采取了一些行之有效的举措。

除此之外，俞建成还主张营造一种风清气正、乐于奉献的科技创新环境。他要求自己严于要求别人，敢于担当，始终坚持在科研一线，并力所能及地为科研人员解决实际困难。除了出公差，他每天基本上是水池、办公室、调试间三点一线地工作着。他带领团队不计个人得失，追求美好的信念与科研理想，迎难而上，努力创造佳绩。

"海翼"水下滑翔机及其研究团队

"海翼"水下滑翔机研究团队以国家需求为己任，以海洋观测世界前沿为目标，敢于挑战尖端，不断攀登科学高峰，创造了包括水下滑翔机最大下潜深度世界纪录、国内最大集群组网规模、国内最大续航力等多项国际和国内新纪录，共获发明专利授权 10 件、实用新型授权 10 件、软件著作权 1 项，发表论文 55 篇，产生了显著的社会效益、经济效益和国际影响力，有力地促进了我国水下滑翔机事业的发展。

时至今日，"海翼"水下滑翔机已累计完成海上观测 900 多天，累计航程 2 万多千米，获得了 9000 多个不同深度剖面的重要观测数据。未来，"海翼"将成为我国认识海洋、探索海洋、开发海洋的"中坚利器"，在浩瀚的海洋中挺进得更快、更远、更深。

（撰文：俞建成　刘　洋　刘　侠）

八年鏖战　终圆中国"光栅梦"

——记中国科学院长春光学精密机械与物理研究所大光栅刻划机研制团队

2016年11月，中国科学院长春光学精密机械与物理研究所（以下简称长春光机所）承担的"大型高精度衍射光栅刻划系统"顺利通过验收。

该项目制造出了世界上面积最大的中阶梯光栅，标志着我国大面积高精度光栅制造中的相关技术达到国际领先水平，彻底结束了我国在高精度大尺寸光栅制造领域受制于人的局面。

在大光栅刻划机的背后，是一支勇于攻关的科研队伍，正是他们的攻坚克难，才使我国几代科研工作者的"光栅梦"得以实现。在8年的不懈努力中，团队成员坚持强基固本、创新有为，在求严、求实、求效中结出硕果，凝聚起推动科研事业发展的强大动力。

■ 求严：夯实党建责任

一直以来，长春光机所党委始终把党的建设摆在首要位置，坚持党建工作与科研工作同部署、同落实、同检查、同考核，切实将落实党建责任转化为推动科技创新和科研生产的执行力。研究所每个研究部室均设立了党支部，并根据人员数量设置党小组，以发挥党组织在汇聚、教育和服务方面的作用。

大光栅刻划机研制团队成员共有39人，其中博士有18人、硕士有7人，35岁以下年轻人占80%，团队中党员有10人。面对这支以年轻人为主的团队，主任巴音贺希格亲自兼任党支部书记，将"第一责任人"的责任扛在肩上、落到实处，保障团队的党建工作紧紧围绕科研工作开展。

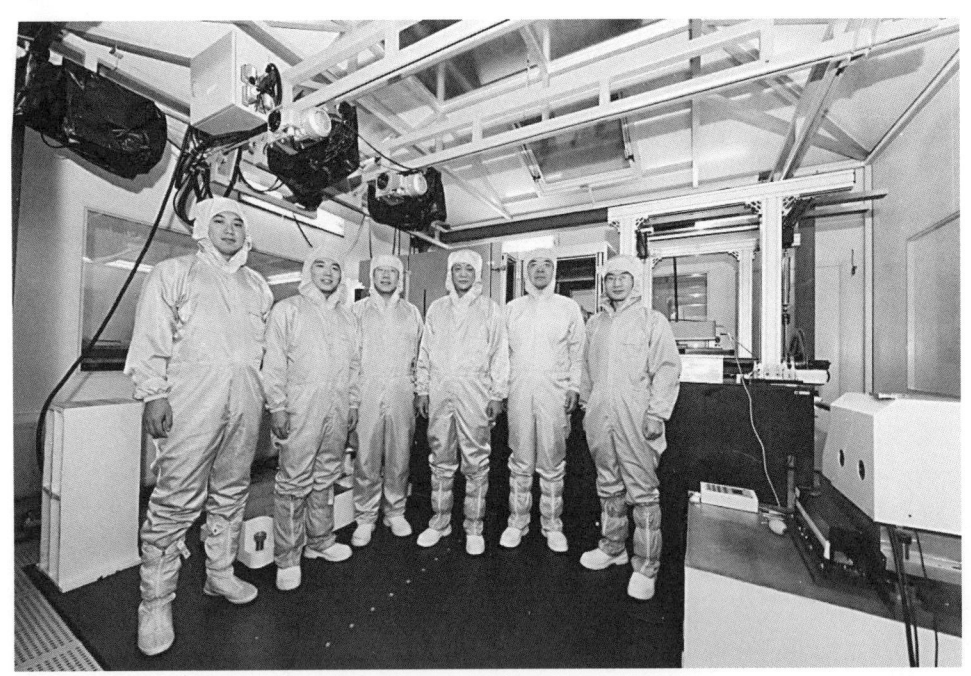

研制团队成员在大光栅刻划机前

在日常工作中,每名党员都发挥着先锋模范带头作用:小到党员学习笔记本的发放、党建活动的开展,大到支部调整换届、支部书记述职考核评议……日常工作的每个环节都认认真真地完成。

在项目攻关的艰苦历程中,党员更是勇挑重担、敢为人先。在巴音贺希格的带领下,团队党员讲政治、懂政策,踏实诚信,与人为善,不仅能够身先士卒、勤勉为公,而且心系群众、细致入微,承担的各项科研任务都实现了预期目标,并使学科优势不断扩大,让我国的大光栅刻划技术走在了领域前沿。

■ 求实:铸牢战斗堡垒

大光栅刻划机研制团队始终把党建工作作为凝聚团队成员和提升能力的重要抓手,形成了一个素质过硬、能啃硬骨头的战斗集体,时刻体现着不怕苦、不怕难的工作作风。

| 上篇 | "率先行动"队伍前列的科研团队

研制团队部分成员

光栅刻划机是制作光栅的母机,被誉为"精密机械之王"。立项之初,团队成员对项目指标进行分解时发现,制作面积达 400 毫米×500 毫米中阶梯光栅的刻划机,要想使刻槽精度控制在约 20 千米行程范围内,其刻槽间距误差必须小于头发丝粗细的千分之一。

面对这种挑战极限的工作,党支部提前给团队成员鼓劲,要求每个人做好顶住压力、苦干一场的思想准备,同时要做好家属的思想工作,获得家人的理解和支持。党支部还从实际出发,发挥"老带新"、党员带群众的优势,引导树立不怕失败、大胆创新、刻苦钻研的精神,最终在超精密机械设计和加工领域取得了一系列重大突破。

例如,提出"三基准合一、分体工装、组合加工"的小模数、大尺寸蜗轮蜗杆副研制新工艺;提出"几何误差五步排列消除法",研磨出超高精度、大行程三角螺纹丝杠;提出"纵后横、配对研磨、化 V 为平、光学抛光"方法,研制出精密双 V 型滚柱导轨副……这些突破在客观上带动了我国精密机械领域技术的快速发展。

■ 求效:凝聚发展合力

2016 年 11 月,大光栅研制任务顺利通过验收,团队共计攻克了 18 项关键技术,取得 9 项创新性成果,研制出一套大型高精度光栅刻划系统,并成功研制出 400 毫米×500 毫米的世界上面积最大的中阶梯光栅。

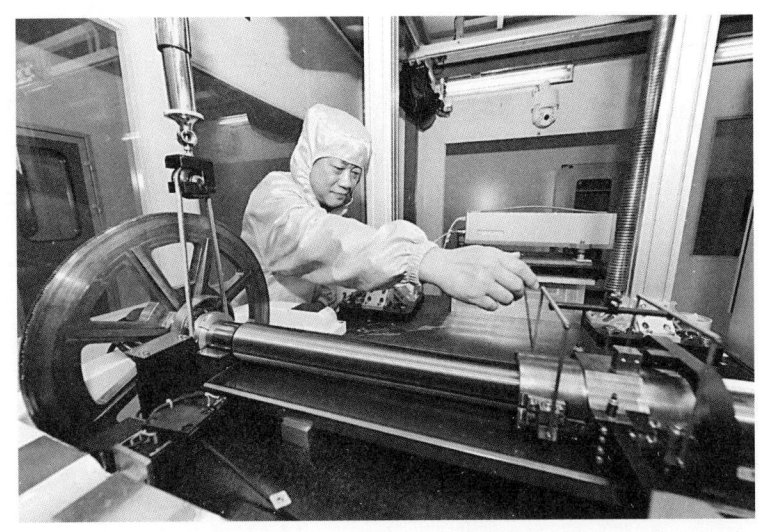

研究人员调试丝杠螺母副

科学技术部原副部长、项目验收专家组组长曹健林评价称,这个成果是中国科研工作者"工匠精神"的集中体现。中国科学院院士王立鼎评价:"刻划机的所有关键部件都达到了国际顶尖水平。"这项成果也被评为中国科学院年度重大创新成果,并入选中央电视台年度科研成果巡展、中国科学院"率先行动"计划成果展。

面对赞誉,大光栅研制团队的成员很激动,也很冷静。8年来,他们所有的努力与付出,都基于对所从事工作迷恋至深的热情,因此他们可以安下心来,专心致志。8年来,这支队伍形成了极强的战斗力,他们秉承"咬定青山不放松,面对险阻不妥协"的科学态度,承受重压、追求极致、夜以继日、攻坚克难。

沧海横流显砥柱,万山磅礴看主峰。"光栅人"高扬科技报国之帆,手握高精尖之舵,务实而为,砥砺奋进,助力我国光谱仪器行业摆脱了"有器无心"的局面。

接力奋斗,未来可期。在党的十九大精神的指引下,"光栅人"将以更加坚定的信念、更加蓬勃的朝气、更加有力的举措,为促进我国光栅技术的发展,为光谱仪器行业的技术进步及竞争力的提升做出新的贡献!

(撰文:李 蓉)

追求卓越　科技报国

——记中国科学院神经科学研究所灵长类体细胞克隆猴科研团队

灵长类体细胞克隆猴科研团队

位于上海的中国科学院神经科学研究所（以下简称神经所）孙强团队，经过5年不懈努力，突破了体细胞克隆猴的世界难题，成功培育出世界首个体细胞克隆猴。这标志着中国将率先开启以猕猴作为实验动物模型的时代。该项成果于2018年1月25日以封面文章在线发表在生物学顶尖学术期刊《细胞》上。

2018年1月25日，《人民日报》、中央电视台等各大中央媒体在显著位置报道了神经所灵长类体细胞克隆猴科研团队潜心研究、攻坚克难，在国际上首次实现非人灵长类体细胞克隆的消息。

这一成果的诞生，标志着我国率先开启了以体细胞克隆猴作为实验动物模型的新时代，在国际上抢占了脑科学科技创新的制高点，引领了国际脑科学研究的新方向，将有力推进以我国科学家为主的"全脑介观神经联接图谱"国际大科学计划，推动脑高级认知功能研究和脑疾病研究迈上更高台阶。

■ 改革推动　集聚创新

2009年，神经所已经完成了研究所发展"路线图"的阶段性目标，但所长蒲慕明并不满足。他认为，中国神经科学界无论体量还是资源都与发达国家差距不小，要赢得国际竞争就必须敢于创新，开辟有特色、有意义、有价值的研究领域，引领学科发展。

那一年，他力排众议，用所长基金招聘了孙强及相关技术人才，建立了非人灵长类研究平台。他判断，只有突破非人灵长类体细胞克隆技术，才能真正解决猴子作为实验动物面临的一系列短板，使中国从非人灵长类资源大国转向研究大国，建立起中国脑科学研究的竞争优势。

为了理顺体制机制，优化学科布局，促进重大成果产出，中国科学院在科研项目管理和科研团队组织上做了战略部署，启动战略性先导科技专项和《"率先行动"计划》。非人灵长类研究平台的发展正是得益于战略性先导科技专项和《"率先行动"计划》的实施。

2012年，瞄准世界科技前沿，中国科学院启动了战略性先导科技专项（B类）"脑功能联结图谱计划"，以推动对特定脑功能的神经联结通路和网络结构的解析及模拟，蒲慕明任首席科学顾问。在战略性先导科技专项的支持下，非人灵长类研究平台的建设有了稳定保障。

2014年，中国科学院《"率先行动"计划》提出按照卓越创新中心、创新研究院、大科学研究中心、特色研究所等四种类型，对现有科研机构进行分类改革。

作为首批启动的卓越创新中心之一，中国科学院脑科学卓越创新中心依托神经所成立，蒲慕明被任命为该中心主任兼首席科学家。2015年，为促进脑科学与类脑人工智能技术的交叉融合，该中心扩容为中国科学院脑科学与智能技术卓越创新中心（以下简称脑智卓越中心）。

在强有力的改革举措的推动下，非人灵长类研究平台孕育重大成果的创新力量得以集聚。脑智卓越中心的目标之一就是利用我国交叉学科的专长、脑疾病样本的丰富资源和非人灵长类动物模型的优势，在脑科学前沿领域取得国际领先的成果。在蒲慕明的支持下，孙强团队所在的非人灵长类研究平台成为脑智卓越中心"十三五"期间的重点培育方向之一，重点开展非人灵长类高级认知功能模型和机理研究。

改革举措推动非人灵长类研究平台创造了一个又一个的"世界首次"。2016年，非人灵长类研究平台在世界上首次建立了携带人类孤独症基因的非人灵长类动物模型。2018年，他们又在世界上首次培育出体细胞克隆猴。

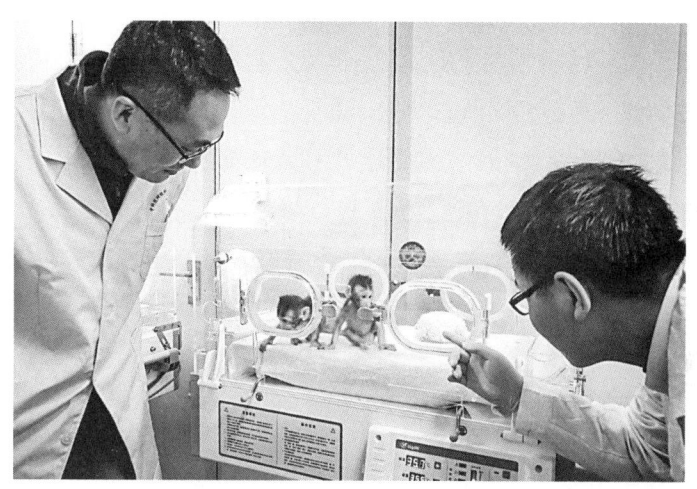

团队成员与克隆猴

可以说，如今神经所的收获得益于蒲慕明的战略眼光。最初，由于灵长类研究的投入成本高、产出周期长，神经所内外不少专家对体细胞克隆猴研究并不看好，但蒲慕明仍不断支持和鼓励孙强团队持续攻关。在他看来，研究非人灵长类动物模型是中国神经科学实现弯道超车、成为国际领跑者的唯一出路。

蒲慕明一直坚持"英雄不问出处"的求贤用人之道。他始终认为，科研人员要靠本事说话，而非靠"头衔"说话。

当蒲慕明向正在西双版纳工作的孙强抛出橄榄枝的时候，孙强还是一位名不见经传的大学讲师，正在申请副高级职称。当时，孙强已经在试管猴研究方面实现了技术突破，但因为合作团队提供的病毒滴度不够，转基因猴创制迟迟不能成功。同时，随着研究项目的结题，孙强继续开展非人灵长类相关研究的科研条件也将失去。尽管他心里还一直惦记着自己热爱并全身心投入的研究领域，但现实的困境逼迫他不得不考虑转变科研方向。

一个偶然的机会，孙强与蒲慕明在一次学术会议上相遇了。蒲慕明了解到孙强多年的实践基础和技术水平，感受到孙强内心强烈的科研欲望，于是决定把建设非人灵长类研究平台的重任交给他。

■ 同心协力　人尽其用

蛰伏近十年，孙强团队最终一鸣惊人。这得益于脑智卓越中心的支持，也得益于研究团队的不懈努力。

这是一支不拘一格引才聚才的队伍。世界前沿难题的重大突破需要一流的、精干高效的攻关团队。在孙强团队，学位、出身都是虚浮之物，他们大多没有光鲜耀目的背景，但个个"身怀绝技"，都是各个技术环节的顶尖人才，正是他们的"协同作战"，使得团队最终走向了成功。

孙强自己就是一个典型案例。他没有留学经历，也没有光鲜的头衔，却凭借着热情、经验与执着，撑起了整个非人灵长类研究平台。

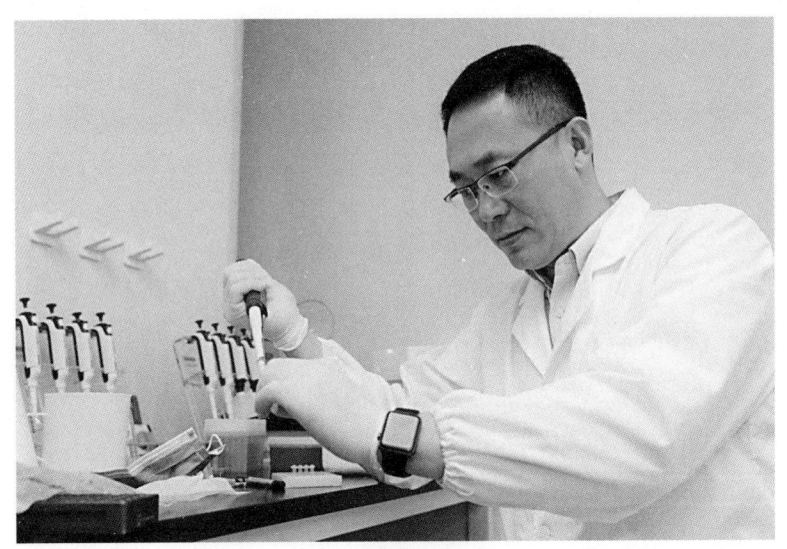

孙强

团队的首席兽医王燕是一位技术员，只有高中学历，但是她从一毕业就开始管理猴舍，坚持了近十年，在训练猴子、孕产监测、剖宫产技术等方面都积累了丰富的经验，这对于团队来说是极其宝贵的。在中国科学院这样高学历人才云集的地方，没有文凭的王燕被破格聘任为副高级专业技术岗位人员，团队还不断创造机会让她进步。王燕的努力确保了两只克隆猴顺利生产、健康生存，王燕也因其重要贡献，成为这次体细胞克隆猴论文的第三作者。

这是一支创新方法激发才能的队伍。在科学研究中，失败的概率总是远高于成功的概率。眼前是重山关锁的未知，身后是拮据有限的经费，于是孙强团队另辟蹊径，创新性地采用了"步步为营"的科研策略——先站稳脚跟，再以守为攻。

神经所非人灵长类研究平台没有那么多猴的卵细胞，他们就用其他实验室用剩的猴的卵细胞做实验，鼓励团队成员尝试各种技术路径，失败了就换一条路，成功了就再向前挪一点。在不断地试错中，他们离成功越来越近。最终，他们成功地化被动为主动。

体细胞克隆猴实验做了5年，孙强团队失败了5年。深深的挫败感时常使团队感到非常痛苦，然而这群平均年龄只有29岁的年轻人一边承受着失败的压力，一边继续"将持久战打下去"。孙强也经常勉励大家做最坏的打算，尽最大的努力。

细胞核的提取和注入是实验的关键环节，操作越快，卵细胞受损就会越小。博士后刘真经常在显微镜前一坐就是一天，用比头发丝还要细得多的针练习提取细胞核再注入卵细胞的操作。在反复练习一年半后，他的技术有了显著提升，这使他成为大家公认的细胞去核、注核技术的"世界冠军"，使得成功克隆非常重要的指标——囊胚率超越了美国俄勒冈灵长类研究中心克隆专家米塔利波夫团队。

这是一支志同道合、以诚相待的队伍。"志同道合"是孙强经常用来形容他所带领团队的核心词汇。他本人也是一个与团队同甘共苦的"队长"，而不是坐着发号施令的"老板"。

平台动物房主管陆勇是一名"90后"，从南京农业大学毕业后不久就加入了团队。他的同学大多在大城市的宠物医院工作，从事着比他轻松很多的工作，挣着比他高几倍的薪水。但陆勇感觉自己在团队里"找到了使命感、荣誉感和归属感"，因为他们从事的是国际最前沿的研究，而团队带头人孙强也真正关心他们的成长。

■ **不忘初心　科技报国**

蒲慕明对中西方科学家的培养方式有着深刻理解。他希望在神经所推动建立新的科学文化，培养传承中国传统价值观的知识分子。在他看来，我国的科研工作者应该有忘我精神，同时更要有中国传统知识分子"先天下之忧而忧，后天下之乐而乐"的情怀，以科技成果报效国家。

■ 科技报国，他们瞄准重大科学问题

在蒲慕明的带领下，神经所支持科研团队探索符合国家战略发展方向的创新性重大科学问题，强调所有科学家都应将精力集中在最重要的科学问题上，不允许盲目申请经费，不能简单地"尽快出文章"。正是因为瞄准了重大科学问题，才促使非人灵长类研究平台建成、完善，出好成果、出大成果。

根据国际神经科学研究现状，特别是西方国家对于使用非人灵长类的众多限制，神经所建立了非人灵长类研究平台，包括在食蟹猴、恒河猴和狨猴上开展行为学、生理学及转基因等研究的设施。他们成功建立了若干个转基因非人灵长类动物模型，还引入了性成熟快、生命周期短的狨猴，使其成为开展神经退行性疾病的理想动物模型。

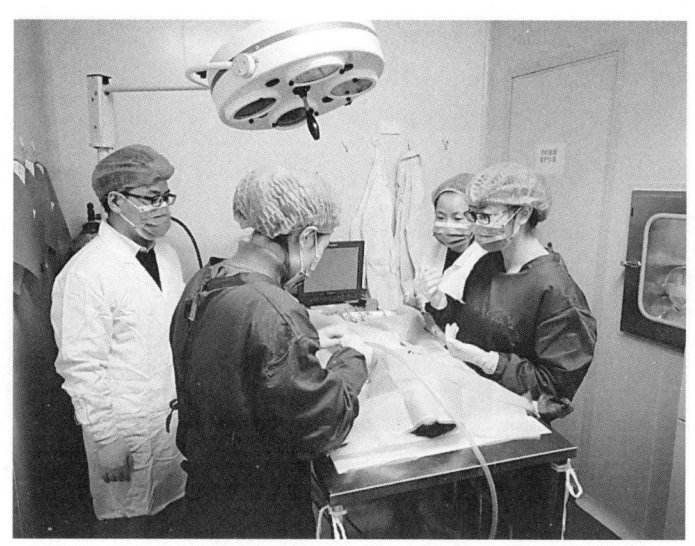

体细胞克隆猴实验操作

■ 科技报国，他们在清贫寂寞中追求创新

体细胞克隆猴需要经费、需要技术、需要设备。最开始时，孙强没有任何一样占优，但他有的是坚持。他们开源节流，一点点拼凑出有限的资源。有时候他们和神经所的老师合作，一阶段实验做完会剩一点猴的卵细胞，他们从不浪费，收集起来让团队成员再做一次实验。

■ 科技报国，他们建立起强大的创新自信

当很多人或为了接触最前沿知识，或为了"镀金"选择去国外深造或工作时，孙强带领一拨人不为所动，抱定研究"大问题"的信念，把自己最黄金的年华奉献给了中国的创新型国家建设。做最前沿的研究，意味着他们行走在神经科学的"无人区"，冒着很可能失败或很长时间没有成果的风险。

神经所不断创新运行管理和评价激励体系，为中国神经科学家提供了一个立足本土发展、参与国际竞争的环境。他们专门拿出一部分稳定支持经费用于奖励真正合作、新颖、独特、有潜力实现重大突破的研究课题，非人灵长类研究就是神经所稳定支持、重点布局的具有独特优势的研究领域之一。

体细胞克隆猴研究蛰伏十年、一鸣惊人的背后，是科研院所不忘初心、牢记使命、科技报国的担当，是科研团队开拓创新、敢为人先、不断进取的自信，是科研人员十年如一日、执着坚守、砥砺前行的精神，而这一巨大的成功也是对他们团队、对中国神经科学发展最大的褒奖和鼓舞。

未来，他们将进一步瞄准世界科技前沿，挑战攻关重大科学问题，力争以基础科研的重大突破引领带动战略产业升级和发展，为建设创新型国家和建设世界科技强国做出应有的贡献。

（撰文：曹发华）

打造稳态强磁场　护航原创性研究

——记中国科学院强磁场科学中心
稳态强磁场实验装置研究团队

强磁场是调控物质量子态的重要参量，在发现新现象、揭示新规律、探索新材料、催生新技术等方面具有不可替代的作用。

国际上依托强磁场条件开展的科学研究工作非常活跃，涉及众多学科，特别是在高温超导、量子材料、半导体和有机固体及生命科学等领域频频有重要发现。自1913年以来，已有19项与磁场相关的成果获诺贝尔奖。

为创造强磁场条件下重大科学发现的机遇，欧美发达国家纷纷大力发展强磁场技术，追求更高的磁场强度。我国因缺乏相应的强磁场条件，曾错失了在物质科学等诸多领域开展前沿探索的机遇。但这一被动局面在2005年发生了改变。

2005年，稳态强磁场实验装置研究团队提出建设我国稳态强磁场装置的创新方案，于2008年获批建设，2017年9月27日通过国家验收。这个项目的建设完成，不仅填补了此前我国在该领域的空白，而且在多项技术和性能指标上创造了世界纪录，使我国跃居国际稳态强磁场条件领先行列，为取得重大原创性科研成果提供了有力保障。

■ 磁体技术领跑者

稳态强磁场实验装置研制是一项复杂的系统工程，面临巨大的技术挑战。稳态强磁场实验装置研究团队成员始终发扬中国科学院强磁场科学中心"求真、创新、拼搏、奉献"的科学精神，团结协作、攻坚克难、真抓实干、勇于创新，以严谨的科学态度、满腔的工作热情投入项目建设之中。

经过 8 年的不懈努力，研究团队解决了"带得走"（热量）、"扛得住"（应力）、"绝得好"（热处理）、"测得精"（实验系统）四大关键技术问题；打破国际技术壁垒，成功克服关键材料国际限制、关键技术国内空白等重大难题，超越法国、荷兰、日本等发达国家，建成继美国之后世界第二台 40 特级混合磁体，建成 3 台场强创世界纪录的水冷磁体；首创组合显微测试系统（STM-MFM-AFM combo system，SMA）组合显微系统，建立了国际领先水平的科学实验系统，实现了我国稳态强磁场极端条件的重大突破。

混合磁体调试成功现场

稳态强磁场实验装置的建成，有力支撑了我国物理学、材料科学、化学、生命科学等多学科前沿探索，产出了一大批有国际影响力的高水平成果，不仅成为中国科学院合肥大科学中心建设的核心基础，更成为合肥综合性国家科学中心建设的关键基石，成为国家科技创新体系的重要组成部分。

国际同行专家对稳态强磁场实验装置研究团队取得的成就给予了高度评价。世界著名高场磁体技术专家、法国强磁场实验室前总工、美国强磁场实验室前副主任 Hans Schneider Muntau 认为："混合磁体的设计和建造非常具有挑战性，全世界目前仅有两台 40 特以上的混合磁体。合肥的混合磁体已成功获得 40 特，且有潜力达到 45 特，其成功运行使中国在整个国际强磁场领域占有了重要地位。"

在 2014 年 12 月中国科学院组织的"一三五"国际评估中，专家组也对该项目给予了高度评价："稳态强磁场实验装置取得了两项出色的突破：一是水冷磁体产生的最高磁场创造了世界纪录,二是建立了多学科的研究设施。""在磁体技术方面,实验室已成为并将持续成为国际领跑者之一。"

■ 能打硬仗的队伍

稳态强磁场实验装置研究团队通过人、平台、合作、团队、环境来推进强磁场中心的科研事业,不仅培养了一支专业性强、业务水平高、团结协作的装置建设团队,还吸引了一批包括"哈佛八剑客"在内的、来自海内外的年轻科研团队。

这些思想活跃、精力充沛、求知欲强、富有创新精神的青年科技人才,组成了多学科交叉、多梯次布局的研究队伍,大家团结协作,锲而不舍,持之以恒,携手共创强磁场的科研事业。

2015年,在水冷磁体WM1研制过程中,团队在组装完成、励磁调试后发现磁场强度丢失了1个多特,经磁体整体测量后发现CuAg比特片厚度公差超标。怎么办?水冷磁体负责人高秉钧带领组内人员采用了最笨但也是最保险的方法:把4个线圈上千片导电片拆卸下来,一个一个称质量,计算每个比特片的厚度,以优化装配。

高秉钧优化水冷磁体WM1装配方法

整整3个月的时间里,无论何时经过高秉钧的办公室门口,都能看到他在做同一件事:一边称量导体片,一边做记录。在重新组装、上电励磁后,丢失的磁场强度终于找了回来，实现了 38.5 特磁场强度，创同类磁体磁场强度纪录。

2016 年 7～8 月，低温阀箱的管道焊接结束，但研究人员在检漏中发现低温阀箱的真空度不足，存在焊缝漏气的情况，于是便开始了磨人的检漏补漏排查。可是，近 6000 个焊缝，到底是哪个点出了问题呢？一个一个找下去，这无异于大海捞针。

在连续排查了近 40 天仍一无所获的情况下，一天，工作人员在一次漏气检查中仍未发现异常，于是扛着检漏仪气馁地一屁股坐下，然而就在此刻，奇迹发生了：监控显示出现了变化！团队成员李洪强镇静地说："别动，漏点找到了。"原来就在工作人员坐下的那一刻，检漏仪正好搭在了漏点上。

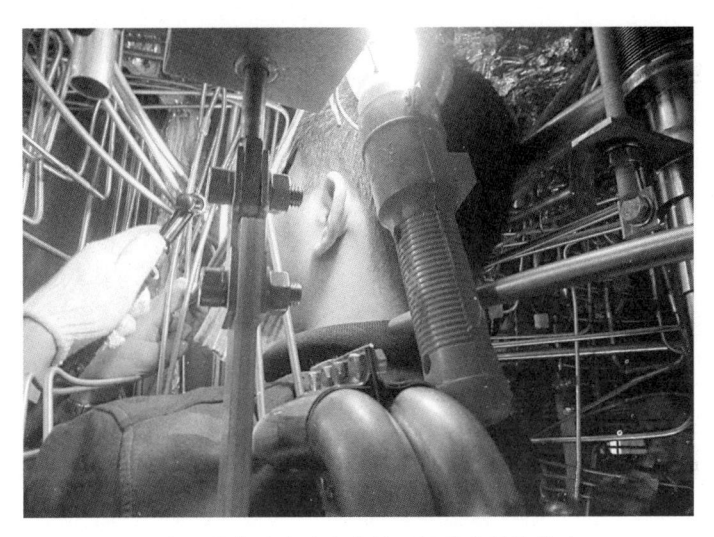

研究人员在狭窄的真空低温阀箱内焊接管路

随着稳态强磁场装置工程建设的推进，这支能打硬仗的强磁场技术攻关队伍也在锻炼中不断成长、壮大。

■ 无私奉献先锋队

在整个项目的建设过程中，稳态强磁场实验装置研究团队党员成员身上的模范带头作用也渐渐体现出来：装置负责人匡光力审时度势、永不气馁，是总指挥也是大家坚强的精神领袖；高秉钧踏踏实实、勇于创新，"做国际第一的强磁体"是他的工作追求；磁体科学与技术部副主任陈文革认真细致、一丝不苟，生怕出事而处处谨小慎微的工作态度全中心人都知道;低温系统负责人欧阳峥嵘像他的低温系统一样,时刻保持冷静,默默为磁体运行做着坚实的支撑……这些成员在点滴中发出正能量,成为团队中最可爱的人,也是科研团队中的主心骨和众人学习的榜样。

高秉钧和匡光力讨论调试参数

2016年底,混合磁体在一次上电励磁时,磁体杜瓦冷屏发生故障,"轰"的一声响后,整个装置大厅烟气弥漫、气味刺鼻。可负责混合磁体联调的党员成员没有慌:匡光力指挥中控组一步一步实施安保措施,低温系统人员查看问题所在……大家沉着冷静地查找原因、解决问题。在经过 70 个日夜的追赶后,设备终于恢复正常,顺利进入降温阶段。

2017 年 1 月,匡光力主持召开工程会议,当时时间恰逢农历春节。对此,高秉钧表示"组内已经开过会,春节期间 3 人值班";超导电源负责人刘小宁承诺"相关人员都在";超导磁体组潘引年认为"过年是小孩子的事,老了过不过都一样";中控组一群年轻人保证"时刻准备、服从安排";欧阳峥嵘说,"箭在弦,已经到了不得不发的状态"。

会议最后的决定是:各分系统分头做好扎实准备,多考虑相关联的系统,紧急情况下的预案要想周到,根据降温进程,大年三十上午 8 点准时通电测试,中午在文化走廊吃年饭。虽然最终大年三十当天因降温没有到位而导致时间稍有延误,但混合磁体终于在大年初四再次通电励磁成功。

在中国科学院"十二五"规划验收中,"强磁场科学与技术"重大突破入选院"双百"("一百个突破"和"一百个培育方向")优秀。稳态强磁场实验装置将成为科学研究、科技发展的创新源头,为合肥综合性国家科学中心的建设贡献更多科技力量。

(撰文:匡光力)

中国高等级生物安全领域的开拓者

——记中国科学院武汉病毒研究所郑店实验室党支部

2003年，严重急性呼吸综合征（severe acute respiratory syndrome，SARS）肆虐全国。危急关头，国家从战略高度要求中国科学院武汉病毒研究所（以下简称武汉病毒所）承担建设中国科学院武汉国家生物安全实验室（以下简称武汉P4实验室）的任务。

彼时，国内科学家对这一生物安全最高级别的实验室几乎一无所知。武汉病毒所在无设备和技术标准、无设计和建设团队、无博导人才和经验的"三无"情况下，面对国家需求，勇于承担武汉P4实验室建设任务，并在第一时间组建了郑店实验室团队。

理想信念是精神之"钙"，是开展科研工作的动力之源。在建设武汉P4实验室的过程中，郑店实验室党支部攻克建设与设计标准不完善、投资估算不足、建设周期长、政策环境变化大、国家标准更新等一个又一个难题，坚持不懈、攻坚克难，最终成功建成我国首个正式投入运行的P4实验室。

■ 发挥先锋模范作用

郑店实验室党支部现有党员16人，占实验室建设团队总人数的57%。在郑店实验室建设团队中，有副高级及以上职称人员7人，全部为党员。

多年来，郑店实验室党支部在武汉病毒所党委的带领下，结合所承担工作的特殊性，以思想建设为引领，以"四尽"（尽心、尽力、尽职、尽责）促实验室建设，切实在武汉P4实验室的建设中发挥了战斗堡垒作用。

在实际工作中，党员各个表现突出，在技术创新、管理革新、细节改进等多个工作环节发挥了应有的作用、做出了贡献，使得设施运维工作更高效、更稳定，对实验室的运行管理更具建设性。

与此同时，郑店实验室党支部非常注重团队的能力建设，通过支部扩大会议等形式，围绕项目开展、技术问题等展开讨论。在这个平台上，大家畅所欲言，通过各抒己见、心得分享，既解决了难题、积累了经验、提升了能力、有效促进了实验室的建设和运行，又加深了沟通，体现出团队的合力作用。

郑店实验室团队

郑店实验室党员宋冬林是生物安全体系建设的核心骨干。在 P4 实验室试运行一年之后，宋冬林带领团队第一时间编写完成包括《生物安全管理手册》《程序文件》《作业指导书（SOP）》《记录表单》《风险评估报告》在内的约 50 万字的管理体系文件，为实验室的安全、高效运行提供了坚实保障。

郑店实验室党支部书记童骁是武汉 P4 实验室建设的技术负责人和工程现场总指挥。2015 年是其儿子的高考之年，也是实验室关键的调试期。为了使实验室尽早投入使用，童骁不顾家庭的需要，全身心地投入调试之中。"个人的困难总能找到办法克服，但如果延误了实验室的调试进度，将给研究所带来损失，给科学研究带来不利影响。"童骁这样说。

■ 以"四尽"促 P4 远航

如今，郑店实验室团队已从最初的 3 人增加到 28 人，一批批优秀的青年人才不断加入这个大家庭中，而郑店实验室党支部提出的"四尽"也成为这支团队实现专业化的法宝：尽心提升专业能力、工作水准、效率效果；尽力面对技术问题、协调解决各类困难；尽职做好 AB 岗工作，成为专业领域的行家里手；以主人翁的责任意识投入工作之中。

由于我国缺乏建设 P4 实验室和维护等方面的经验，因此 P4 实验室主要是通过中法合作引进设计与关键设备，再经过消化吸收与再创新，使实验室建设达到国内和国际标准，使法国的设计理念符合中国的建筑要求等实现。

例如，针对实验室核心区域的围护结构，建设团队通过反复测试，创造性地用先进的激光焊接方式替代了传统的胶密封方式，使结构具有更好的气密性和耐久效果，武汉 P4 实验室团队也拥有该技术的自主知识产权。此外，建设团队还自主设计了自动控制的数学模型，以达到更稳定的压差控制效果等。

郑店实验室党支部演算通风荷载

2017年1月，武汉 P4 实验室获得中国合格评定国家认可委员会授予的实验室认可资质，同年 8 月获得国家卫生和计划生育委员会活动许可，成为我国首个正式投入运行的 P4 实验室，标志着我国具有开展高级别高致病性病原微生物实验活动的能力和条件。武汉 P4 实验室作为国家高等级生物安全实验室体系的重要组成部分，将成为我国公共卫生防御体系的重要一环和国内外传染病防控研究的技术平台。

目前，郑店实验室团队主要致力于实验室的运行和维护工作，为科学家开展生物安全研究提供不可替代的条件保障和系统服务。

而未来，武汉病毒所将围绕中国科学院《"率先行动"计划》，依托武汉 P4 实验室平台，联合中国科学院院内外优势力量，按照生物安全国家实验室的目标和机制，建设中国科学院生物安全大科学研究中心。我们有理由坚信，郑店实验室党支部将会继续带领这支团队，在推进研究所"率先行动"计划中做出新的重大贡献。

（撰文：肖庚富　童　骁　李　莉）

开辟干细胞研究领域新天地

——记中国科学院广州生物医药与健康研究院干细胞多能性与重编程机理研究集体

干细胞多能性与重编程机理研究集体

从古至今，追求永恒的生命是人类不可避免的野心与愿望。人类究竟能否永葆青春？干细胞技术或许能够做到。

干细胞与再生医学是现代生物学中发展最迅速和最受关注的领域之一，近年来取得了多项突破性进展。其发展对传统医疗手段产生了巨大冲击，受到了世界各国的高度重视。

我国是世界人口大国，由创伤、疾病、遗传和衰老造成的组织与器官的缺损、衰竭或功能障碍也位居世界各国之首，而以药物和手术治疗为基柱的经典医学治疗手段已无法满足临床医学的巨大需求。因此，干细胞与再生医学对我国更加具有现实意义。

以裴端卿、潘光锦、Miguel A. Esteban 为突出贡献者的中国科学院广州生物医药与健康研究院（以下简称广州生物院）干细胞多能性与重编程机理研究集体，在我国较早开启了干细胞多能性研究，不仅率先突破诱导多能干细胞技术，在机理和转分化研究中取得了系统突破，发现维生素C在提高干细胞诱导效率方面的新用途和机制，提出间质上皮转换启动重编程的新视角，还建立了全新自主知识产权重编程组合与非整合转分化获得神经干细胞新技术等，从而开创了干细胞研究的新局面。

■ 直面挑战，有趣有力量

作为一名科研人员，"有趣"二字是裴端卿最常挂在嘴边的一个词。

因为有趣，他选择生命科学作为自己的终身职业；因为有趣，他花费8年时间"打磨"一篇论文；因为有趣，他把看似废物的尿液变成了传说中的"不老泉"。

在外界看来，他是首届国家中长期规划"干细胞研究"计划专家组召集人，承担着为中国在该领域实现突破的重大责任；在研究领域，他是带着光环的领军人物；在学生眼里，他是身先士卒的导师。但在他自己看来，能够代表国家成为人类未知领域的探索者，是一生最大的荣耀。

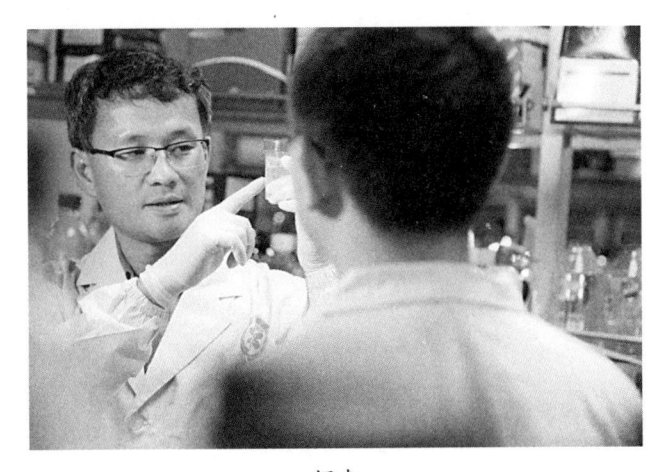

探索

在广州的实验室，裴端卿和他的团队向世界证明：尿液可以提供健康的细胞，而科学家可以利用这些细胞得到高质量的神经干细胞，并且进一步将它们变成血液细胞、骨细胞、皮肤细胞、肝细胞甚至神经细胞。在不远的将来，科学家或许就可以将这些分化的细胞移植到人体损伤部位以便替换衰老的细胞和组织，实现延长人类生命的"奇迹"。

在裴端卿办公室的书柜里，摆放着一块标有"共产党员岗"的桌牌；办公桌右侧的墙上，贴着一幅他自己用小楷工整抄写的《沁园春·雪》。在遇到科研难题的时候，他会反复默诵这首词，勉励自己和同事战胜困难，勇往直前。

"科学已经不是一个人单枪匹马能够完成的事业，我们必须凝聚团队的力量去面对。在这一过程中，我们应当继承老一辈科学家的精神，也要汲取和借鉴世界先进经验，以开放的态度打造属于我们这个时代的中国团队。"裴端卿说。

■ 进无止境，携手谱新篇

从 2004 年担任副院长开始，裴端卿就开始了新的团队建设计划。他分别引进和培养了近 20 位从事干细胞研究的高级研究人员，自己培养了 25 名博士研究生，截至 2019 年 10 月整个研究院有 600 多名科研人员。

曾在英国帝国理工大学从事科研工作的西班牙籍科学家 Miguel A. Esteban 正是其中一员。来到广州生物院后，他放弃了之前擅长的肾癌研究，与裴端卿一起投身干细胞领域，并取得了诸多轰动性的突破。2010 年，Miguel A. Esteban 成为第一位非华裔的国家重点基础研究发展计划（973）首席科学家。

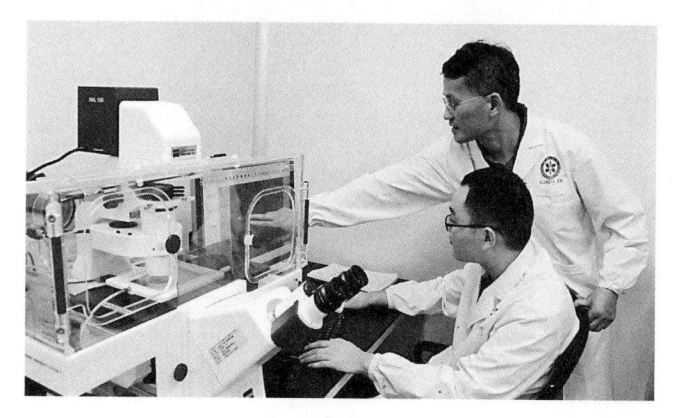

寻找

Miguel A. Esteban 扎根中国开展研究已达十年，因在国际科研合作和交流方面的贡献，入选广州市人民政府专门为来广州工作的外国专家设立的奖项——"羊城友谊奖"。

"科研是一个极有生命力的人类追求，每一次科学的巨大突破，都能显著改变整个人类的思维方式。" 2015 年 7 月，国际著名学术期刊《自然-细胞生物学》刊登的一篇论文，提出了一套全新的多能干细胞诱导因子，而这篇论文的第一作者正是 2017 年被评为广州生物院"镜头中最美科学家"的刘晶。

■ 勇往直前，耕耘结硕果

自组建以来，干细胞多能性与重编程机理研究集体为我国再生医学事业做出了许多重要贡献。

截至 2018 年 12 月，干细胞多能性与重编程机理研究集体以第一作者/通讯作者身份发表科学引文索引（Science Citation Index，SCI）论文 92 篇，其中在《自然-遗传学》《自然方法》《自然-细胞生物学》《干细胞》等权威期刊发表原创学术论文 10 篇、评述论文 3 篇，代表性论文 8 篇，他引 1218 次；申请国内专利 32 项，其中已授权 26 项，申请《专利合作条约》（Patent Cooperation Treaty，PCT）专利 7 项，其中 5 项已获得国外授权；获得 2009 年度、2014 年度广东省科学技术奖一等奖，2013 年度国家自然科学奖二等奖，2017 年度中国科学院杰出科技成就奖，裴端卿、潘光锦、Miguel A. Esteban 获得"突出贡献者"称号。

干细胞多能性与重编程机理研究集体于 2007 年突破 iPS 技术，并在广州组织了首届 iPS 培训班。之后，培训班迅速得到推广，至今每年举办 3~4 次，为国内外培训了相关技术骨干 300 多名，推动了我国在这一研究领域的战略布局。

另外，以该研究集体为骨干组建的中国科学院再生生物学重点实验室和广东省干细胞与再生医学重点实验室，引进和培养了近 10 位研究员，有多人次入选中国科学院"百人计划"、获得国家自然科学基金委员会优秀青年科学基金项目、入选中央组织部"青年拔尖人才支持计划"、担任国家重点基础研究发展计划（973）首席科学家等。

科研路上有泪水也有欢笑

此外，干细胞多能性与重编程机理研究集体还通过国际引智及人才培养，形成了以干细胞研究为核心的创新研究群体。集体成员担任国家重点研发计划专家组组长、国家干细胞临床研究专家委员会委员等职务，为我国干细胞领域整体布局、发展趋势出谋划策；担任国际干细胞研究学会年会组委会委员、分会主席，对提升我国干细胞研究在国际上的影响力起到重要促进作用。

（撰文：刘　晶）

牢记初心使命　勇担重大责任

——记中国科学院新疆分院驻村联合党支部

社会稳定和长治久安是新疆工作的总目标。中国科学院新疆分院（以下简称新疆分院）既要做好科研工作，又要承担起维护新疆稳定的重大责任。

新疆维吾尔自治区党委给新疆分院安排了6个村的驻村维稳和脱贫攻坚任务。这6个村皆位于和田地区墨玉县，生态环境恶劣，是南疆四地州中最偏远、最贫困、维稳形势最严峻、基层工作任务最艰巨的地区之一，6个村8000多名村民中60%为贫困人口。

自2014年以来，新疆分院先后派出9批116人次干部驻村，其中局级干部12人次、处级干部40多人次，截至2018年12月，仍有27人坚守在驻村岗位上。

在驻村工作中，尽管队员更换了一批又一批，但驻村工作队始终保持良好的精神风貌和工作作风，充分发挥党组织的战斗堡垒作用和党员先锋模范作用，圆满完成各项任务，驻村工作取得实质性进展。

■ 履行主体责任

新疆分院分党组和各所（台）党委共同组建驻村维稳和脱贫攻坚工作领导小组，建构工作体制机制，统筹指导驻村工作，形成覆盖6个村的基层党建体系。同时，加强基层组织建设，建立由总领队担任党支部书记的驻村工作联合党支部，建立健全支部工作与管理制度，6个村的工作队队长同时担任所在村第一书记，指导帮助基层组织建设，统领村里各项事务。

工作队驻村之前，村级组织软弱涣散，缺乏凝聚力和战斗力。工作队驻村后，协助县、乡党委从严整顿基层组织，加强村两委（村党支部委员会、村民委员会）

班子工作，将有问题的村干部依法依纪处理，更换不作为的班子成员，培养选拔任用优秀的后备干部；发展党员，壮大党员队伍，优化党员队伍结构；着手建章立制，完善各类管理制度，使基层组织和村务活动制度化、规范化，逐步建强基层党组织，打造"永不走的工作队"。

志愿者服务互助队成立

■ 发挥模范作用

自开展驻村工作以来，新疆分院系统广大党员干部积极响应组织号召，踊跃报名参加驻村工作。驻村队员识大体、顾大局，舍小家、顾大家，克服重重困难，赴村里开展维稳和脱贫攻坚工作。

有的队员已经不止一次驻村，但他们依然积极报名，在组织批准后又义无反顾地投入反恐维稳、脱贫攻坚第一线；有的年轻干部无暇顾及婚恋大事，一再推迟婚期；有的队员把罹患癌症的老父亲托付给家在外地的姐姐照料，夫妻双双奔赴驻村点；有的队员把患有阿尔茨海默病的老人送进养老院，全身心担负起驻村第一书记的职责。

新疆理化所研究员巴杭就曾4次赴村工作。2017年4月，巴杭在驻村期间被确诊为晚期食管癌，最终因医治无效去世。当大局需要之时，新疆分院的党员干部用实际行动维护了中国科学院的集体荣誉，体现了很高的政治觉悟、良好的工作作风和坚强的党性，体现了以身许党、许国的品质和无私奉献的精神。

宣讲党的方针政策

驻村期间，大家经常研判到凌晨两三点，早上还要早起参与其他工作。每个月，驻村队员必须按规定时间住在包户家里，做到全覆盖。其间水土不服、蚊虫叮咬、睡眠不足、生活条件简陋等均属家常便饭。

由于任务重、压力大，很多队员罹患了心脏病、高血压、糖尿病，还经常出现失眠、失聪、浮肿、便血等症状，但他们仍然坚守驻村岗位，直到身体小毛病变成了大问题，轮流休假期变成住院治疗期。

新疆理化技术研究所所长助理冯涛在第三次驻村期间忘我投入工作，浑然不知自己曾发作过多次心梗，后来明知自己有生命危险，仍然坚守在驻村一线。驻村的4位女队员也克服种种不适，与男同志一样在村里摸爬滚打。

新疆分院纪检组组长安尼瓦尔·买买提代表新疆分院分党组担当驻村总领队和第一书记，负责统筹全队总体任务。他以身作则做好本村工作，却不曾想积劳成疾，于2017年7月突发主动脉夹层破裂，经抢救才挽回了生命。在安尼瓦尔·买买提治疗期间，新疆分院机关党委专职副书记、工作队副队长红霞主动补位、勇于担当，承担起第一书记的职责，确保了驻村各项工作任务的完成，发挥了党员领导干部的先锋模范带头作用。

当前，新疆分院机关有近 1/3 的党员干部在开展驻村工作，有的处室只剩一个人。但大家克服困难，主动承担起驻村队员的业务工作，实行合署办公，驻村一线与后方形成合力，很好地完成了驻村和机关的各项工作任务。

■ 工作成效显著

几年来，在工作队的努力下，局面明显改观，基层组织战斗力得到提升，培养和发展了一批年轻党员和干部。

组织党员参观学习

村容村貌发生很大变化。每周一早晨，全体村民升国旗、唱国歌蔚然成风，村民积极参加科普教育和文体活动，宗教极端思想得到有效遏制。基层干部群众"发声亮剑"，誓与"三股势力"坚决做斗争，村里社会氛围焕然一新。

维稳工作取得重大进展。工作队扎实推进挖存量、减增量、铲土壤工作，建立

"四知四清四掌握"台账,并积极协助公安部门打击非法宗教和暴力恐怖活动,扫黑除恶,抓捕逃犯,破获涉恐案件,打掉非法讲经点。

脱贫攻坚工作稳步推进。工作队为村里修路、打井、修渠、架桥,实施了"西部之光和田专项"和一批中国科学院科技服务网络计划(science and technology service network initiative,STS)项目,发展设施农业,开展耐盐小麦、药材、玫瑰花、蔬菜种植和特色养殖,进行水稻、核桃提质增效,组织引导村民发展庭院经济。

新疆分院系统干部职工持续开展与村民结对认亲的"民族团结一家亲"活动。广泛开展捐资助学活动,组织中小学师生开展夏令营、冬令营等科普活动,帮助墨玉县建立天文科普基地。组织村干部和致富能手外出参观学习,开展农业技术培训,组织劳务人员外出务工,使得人均收入逐年提高,生活水平明显改善。

爱心捐赠活动

工作成效获得广泛好评。工作队员艾沙江驻村两年来与村民打成一片,坚持开展国家通用语言文字的教育培训,被村民称为"雷锋式的好干部";新疆生态与地理研究所魏立恒为村民脱贫致富出主意、想办法,千方百计为村民办好事、做实事,被群众称为"全心全意为百姓办实事的好书记"。

驻村工作队获得各级党委、人民政府的高度肯定,连续4年被评为新疆维吾尔自治区"访惠聚"驻(住)村工作"优秀工作队",18名工作队员被评为新疆维吾尔自治区"访惠聚"驻(住)村工作"优秀队员"并获得表彰和奖励。新疆分院2017年、2018年荣获新疆维吾尔自治区"访惠聚"驻村工作"优秀组织单位"。

下一步,新疆分院将按照中国科学院党组和新疆维吾尔自治区党委的部署与要求,充分发挥驻村工作团队作用,把政治建设放在首位,进一步履行好主体责任,扎实推进党建工作,为维护新疆社会稳定和长治久安做出新的贡献。

(撰文:牟振江 王 鑫 牛力涛)

下篇

"讲爱国奉献,当时代先锋"的践行者

"田野"辛勤事总知

——记中国科学院数学与系统科学研究院研究员田野

田野

2012年,韩国浦项工大(POSTEH)国际冬季学校吸引了全世界数学家的目光:主办方宣布,在9日内悬赏100万美元,求解"贝赫和斯维讷通-戴尔(Birch and Swinnerton-Dyer,BSD)猜想"。

最终,来自中国科学院数学与系统科学研究院(以下简称数学院)41岁的数学家田野拔得头筹,第一次对这个"千禧问题"给出了接近最终答案的线索。

田野的这一证明,对于解决数学中同余数问题这个千年之谜是一个里程碑式的前进。美国哥伦比亚大学教授Dorian Goldfeld评价道:"田野的这项工作是中国继陈景润之后最好的工作……我相信他的成就将会成为鼓励很多中国青年数学家的典范。"

■ 九层之高台 起之于垒土

田野的父亲是一名普普通通的老党员。家庭传统文化的教育熏陶，使他从小就树立了"为中华之崛起而读书"的志向。

"我是1991年在大学一年级时加入中国共产党的，是我们年级第一位党员，还担任了团支部书记。"说起自己入党的经历，田野很自豪。

偶像的力量对田野的人生道路产生了潜移默化的影响。在大学高年级时，数学成绩出众的田野被选拔到数学院交流学习，居住的北京中关村77号宿舍楼就是当年陈景润居住过的地方。至今他还清晰地记得，管理他们宿舍的边阿姨在打扫卫生、烧开水、照顾同学们生活之余，经常给田野和他的舍友们讲述当年亲历的陈景润废寝忘食、勤奋读书的故事。这些故事激励着少年田野，使他想要成为像陈景润一样的数学家。

见贤思齐，从硕士到博士，从读书到科研，他刻苦钻研、勤奋工作，全身心投入科学研究之中。十年磨一剑，昔日的少年十年寒窗归来，已在多个数学问题上做出了令世界瞩目的成果。

"纯粹的科学家，都对科学有发自内心的兴趣，不考虑其他。"田野说。他总觉得自己不是天才，能走到今天得益于对数学发自内心的热爱和长期辛勤的学术积累。

作为一名中共党员，田野在工作和生活中处处体现出吃苦耐劳、淡泊名利、无私奉献的先锋模范作用。在他的带领下，一个年轻充满活力的优秀青年数学家团队如春日里的朝阳，正在蓬勃跃起。

每天凌晨，数学院南楼的办公楼里，总可以看到田野的办公室亮着灯，有时他在心无旁骛地计算，有时正带着学生一起热烈地探讨。他办公室的墙壁上有两块大黑板，上面密密麻麻地写满了数学验算公式。每当讨论问题时，他会习惯性地拿起粉笔在黑板上写下思路。一张沙发和几件简单的生活用品装备了他的办公室，这里也成了他的家。12年不分昼夜的工作，成为他生活中的常态。

同事们常说，机器尚有检修的时候，而田野对工作的执着从未停歇。由于多年前膝盖软骨损伤，他走路久了就会疼痛难忍，可却一直没有时间去治疗，或者说是舍不得花时间去治疗。

2014年初，由于事先安排的一个学术会议行程被取消，田野终于抽出几天时间去医院做了手术。术后麻醉过的身体刚刚可以活动，躺在病床上的田野便急忙拿出床头的资料埋头演算起来。术后3天，田野便召集学生在病房里进行研讨。出院时，医生叮嘱他只能坐轮椅，而且必须要有几个月的康复期。可出了医院大门口，田野就坐着轮椅径直回到数学院，回到似乎久违了的办公室，紧张地工作起来。对他来说，一场手术，除了几个月无法出差外，一切都没有变化。

有中学生曾问他，怎样才能学好数学？田野一字一顿地说："兴趣、兴趣、兴趣。"发自内心的兴趣，是他做数学研究最大的动力，也是他能一直保持旺盛精力的秘密源泉。

■ 好风凭借力　挂帆济沧海

2003年，田野从美国哥伦比亚大学博士毕业后，前往美国普林斯顿高等研究所工作。彼时，数学院前院长杨乐多次打电话关心他的成长，父母也支持他回来报效祖国。

最终，在哈佛大学教授、中国科学院晨兴数学中心学术委员会主任丘成桐的力邀下，在中国科学院吸引优秀海外科学家回国政策的感召下，田野拒绝了国外3份优越的工作邀请，毅然选择回到祖国、回到当年陈景润工作过的地方——数学院，献身国家的基础数学研究事业。

来到数学院工作后，田野废寝忘食，痴迷科研，勇克难关，迅速成长为中国数学界的新秀，在世界舞台上展示出中国青年数学家的水平。

"数学院给我提供了良好的发展平台，这里有自由的学术环境、良好的科研评价体系、科学的后勤保障管理。在这里，科研人员可以从事自己喜爱的方向，有机会和世界前沿无障碍交流。应该说，这是国外有些大学所无法比拟的。"田野发自肺腑地说。

自由思考，厚积薄发，田野喜欢这样的学术环境和氛围。数学院倡导做科研的真正目的不是追求发表文章，而是攀登科学高峰，为人类知识和社会做出贡献。田野正是这样的典型代表，他并没有发表多少论文，可发表的每一篇论文都是解决大问题的好文章。

他在广义费尔马问题研究中取得重要成果，其论文发表在国际数学权威刊物美国的《数学年刊》上；与合作者在著名的七大数学"千禧问题"之一的BSD猜想上取得重要进展，给出了关于 Abel 簇的 BSD 猜想的最好结果之一。2017 年至今，田野在顶级期刊上发表论文 4 篇，其中 1 篇获得世界华人数学家联盟年会（International Consortium of Chinese Mathematicians，ICCM）首届"最佳论文奖"。

田野在工作中

近年来，田野和他的科研团队瞄准国际主流方向与最前沿课题，对标国际一流水平，不断开拓创新，在数论、算术、代数、几何领域开展了大量卓有成效的科研学术活动，取得了一系列重要的原创性研究成果，解决了国际上的一些重要难题，研究出了新方法，开辟出了新方向。

"2012 年之后到现在是我研究状态上最愉快的 6 年，这无关荣誉，我找到了更感兴趣、更加深入的研究领域和方向。"田野说道。今后一段时间，田野和他的团队将继续研究同余数问题的 Goldfeld 猜想及相关的 BSD 猜想（尤其是坏素数处的情形）。

■ 淡泊于名利　立德而树人

盛名之下的田野，谦逊待人，淡泊名利，教书育人，奖掖后进。取得重大成果后，多家媒体争相希望能对他进行报道，但都被他婉言拒绝。作为中青年科技工作者，他并没有因为大脑完全填满数学而成为孤僻冷漠之人，他倾心培养研究生，广受同事和学生的好评。

短短几年，他带的学生中已有 8 位博士研究生、4 位硕士研究生毕业，而且每年都有四五位慕名而来或推荐来的本科生、研究生跟随他学习。他对学生亦师亦友，工作之余常带学生一起健步走、爬山、旅游，对学生的生活和将来的工作都会进行周到的考虑。因为对学生的大事小事都做到了真正关心，学生私下里都亲切地称他为"田总"。

"田总"也有发火的时候。有一次，田野因发现一名学生有抄袭他人研究成果的嫌疑而大发雷霆。他最容忍不了的就是学术不端，因此他要求自己的学生一定要恪守科研道德，维护科学尊严。

田野经常鼓励学生要养成思考的好习惯。"思考是数学家的工作方式之一。"他习惯在爬山或散步时思考数学问题。一次，他和一位加拿大的教授朋友去北京八大处公园爬山。爬到一半，两人忽然不约而同地对同一个数学问题的关键点有了思路。

纯数学研究就是这样令人着迷。当代数学家依然保持着古典学者的传统风范，像数百年前的前辈一样，凭着一副睿智的头脑深入思维领域，心无旁骛。他们无须把自己拴在实验室里，或使用什么特殊器材，而是随时随地思考和进行科学研究。据田野的博士研究生导师张寿武讲，田野经常在睡梦中突然就有了思路，然后就会不管不顾地拨通电话和老师讨论数学问题。

2012年，在去韩国参加冬季学校之前的两周，田野人在加拿大，临行前他去英属哥伦比亚大学图书馆看书。就在拉开图书馆椅子坐下的一瞬间，田野灵光闪现，长期苦思冥想而不得要领的 BSD 猜想就这样找到了线索。有人说，这样的成果源于灵感。但事实是，正是得益于长期坚守、勤于思考、不断积累，才会产生神奇的灵光闪现。

田野在工作中

著名哲学家卡尔·西奥多·雅斯贝尔斯（Karl Theodor Jaspers）在他的《什么是教育？》（*Was ist Erziehung?*）中写道："教育的本质意味着：一棵树摇动一棵树，

一朵云推动一朵云，一个灵魂唤醒一个灵魂。所谓的分数、学历，甚至知识都不是教育的本质！"

田野抓住了教育的本质，他鼓励学生独立思考，勇于创新。他的一位博士研究生想要解决一个连世界一流学者都不敢轻易触碰的难题，但他同时面临毕业的压力，如果想要当年毕业，就不得不放弃对这个难题的攻克。田野毅然决定给他最大的支持，除了不遗余力地进行指导外，他还协助这位博士研究生申请延期毕业。最后，在田野的积极鼓励和督促下，这位博士研究生虽然延期两年写完毕业论文，但他的论文却成功完成了这个重大难题的部分工作，也为他将来的科研工作奠定了坚实的基础。

■ 无私献爱心　温情知冷暖

在生活中，田野始终坚守着急公好义的朴素情怀和人生价值。

他与美国威斯康星大学的教授杨同海是同行也是好友。当得知杨同海为资助贫苦的学生在家乡发起成立了"中美爱心"教育基金后，田野积极响应，成为该基金的长期捐助者，并协助在北京地区的联络。这些年，已经有多位贫困学子因得到田野的捐助而得以继续完成学业。对田野来说，这种慈善义举不是一次两次，而是成了一种习惯。

基础数学研究注定是一个不会赚大钱的行业。而田野似乎对金钱没有概念，他把自己每月收入的大部分都捐了出去，扶贫济困，帮助社会上的弱势群体。

有一次，田野听说有位退休职工生活困难，就主动在所里发起对这位职工的捐助；有位身患绝症的年长数学家向田野求助，他毫不犹豫地慷慨解囊，自己的积蓄不够，就跑到所里提前预支工资，并帮忙联系到最好的医生。在工作中、生活中，他处处发挥着一名共产党员的先锋模范作用。

担国家之任，则尽为国之力；处队伍之前，则登险峻之峰！田野深知，作为中国科学院的研究人员、"科研国家队"的一员，自己必须心无旁骛；作为一名共产党员、一名先锋战士，自己更要义无反顾。十几年如一日，坚定的信念和强烈的责任心驱动着他在科学探索的征途上不断前行，他用实际行动践行了一名科研战线共产党员的誓言：对党忠诚、坚守理想、献身科研、执着追求、甘于奉献！

（撰文：魏　蕾）

夜空中最亮的"星"

——记中国科学院云南天文台研究员陈雪飞

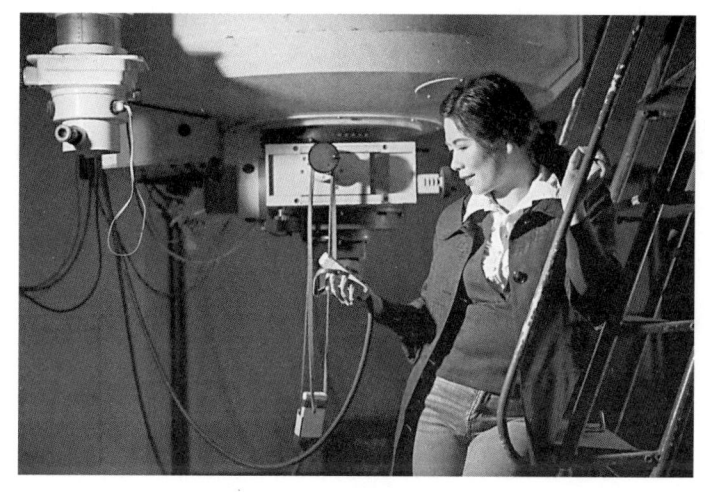

陈雪飞在云南天文台1米光学望远镜前做观测前的准备工作

很多人都会在儿时仰望星空,却很少有人长大后真正去研究星星。但中国科学院云南天文台(以下简称云南天文台)研究员陈雪飞显然是个例外。

从一个爱数星星的小女孩,到一名杰出的天文工作者,如今的陈雪飞已经在双星演化和特殊恒星的形成方面取得了一系列瞩目的成果,成为夜空中最耀眼的"星"之一。

■ 科学报国　创新为民

1995年,陈雪飞考入云南大学,成为云南大学首届数理基地班的学生。在陈雪飞的记忆里,那时她与云南天文台唯一的交集,便是和同学一起去看过一次流星雨。

按照她的话说，"大学毕业时，我对天文的了解并不比普通公众多"。

之后，陈雪飞以优异的成绩被保送至云南天文台攻读研究生，并由此开启了新的人生旅程。

从物理学到天文学，从学习到科研。"开始是最困难的。"陈雪飞说，"曾想到过放弃，但非常不甘心，觉得对不起老师，也对不起自己，所以就一直坚持了下来。人总是要有一些坚持才可以有所为。"

科研工作需要一个长时间不间断的逻辑思维过程，一旦这个过程被打断，往往就需要重新开始。所以，工作到深夜成为陈雪飞的家常便饭。有时，她会彻夜想一个问题，甚至在陪孩子玩耍时也会走神；有时，脑海中突然闪现一丝灵光，为了不错过灵感，就会丢下孩子和家人，一个人跑回家打开电脑开始工作。

在自己坚持不懈的努力和恩师的谆谆教诲下，陈雪飞逐步成长为一名优秀的天文工作者，在双星演化和特殊恒星的形成方面取得了一系列成果。她建立了一套双星演化的基本关系和判据及蓝离散星的双星形成模型，提出了 Ia 型超新星形成的潮汐增强星风模型等，并和团队成员共同完成了恒星绝热物质损失模型。

陈雪飞先后主持国家级、中国科学院、云南省科研课题 10 多项，在国际天文核心期刊发表 SCI 论文 28 篇，其中第一作者文章 11 篇。她的研究成果得到了国内外同行的广泛认可，获得多项奖励和荣誉。其中，她 2011 年获云南省自然科学奖一等奖（排名第一）；2013 年获国家自然科学奖二等奖（排名第二）；2014 年获国家自然科学基金优秀青年基金资助，并获第 11 届"中国青年女科学家奖"、中国科学院"西部学者突出贡献奖"；2015 年获云南省第七届青年科技奖；2017 年入选科学技术部"中青年科技创新领军人才"和第三批国家"万人计划"科技创新领军人才。

尤为难得的是，在个人发展的同时，陈雪飞还不忘参与青年人才的培养。她坚持科学共享、智慧共享、共同发展的理念，悉心帮助、指导年轻科研人员，在团队建设中起到了重要作用。

在科学研究上，她要求自己和年轻科研人员"不浮于现象，追求现象背后的本质，解决或大或小的科学问题""基础科学研究需要积累和沉淀，踏踏实实做好自己的工作，机遇就会不期而至"。她以深厚的科研造诣，科学报国、创新为民的高尚情怀，严谨治学、教书育人的人格魅力，激励了一批青年科技人员克服困难，勇攀科学高峰。2016 年，她带领的一批青年科研人员入选云南省创新团队。

陈雪飞指导研究生

■ 勇于担当　甘于奉献

于科研工作之外，陈雪飞更时刻以一名合格共产党员的标准严格要求自己，以强烈的责任感和事业心，勇于担当，甘于奉献，模范践行科学道德，充分发挥共产党员的先锋模范带头作用。

作为一门最古老的学科之一，天文学对人类的世界观和人生观具有深刻影响，天文科普也具有独特的魅力和优势。但由于地理条件限制，云南省很多地方，特别是偏远山区少数民族聚居区，经济欠发达，文化也相对落后。于是，陈雪飞以强烈的社会责任感和使命感积极投身到天文科普工作中。

在研究生阶段，她就曾与云南省科学技术协会的老师一起到丽江永胜县等地开展科普宣传教育活动。2010年，她在《物理》上发表了翻译的《钱德拉塞卡对20世纪科学的贡献》一文，向大众传播伟人的思想和光辉。陈雪飞还积极面向广大中学生宣传天文学的最新成果，发表了《恒星探戈摇曳的璀璨星空》和《双星演化——恒星级引力波源的孕育和诞生之路》等科普文章，介绍恒星、双星演化的相关知识和最新研究成果。

在社会活动方面，陈雪飞主动参与各项社会活动，担任昆明市青年联合会第八届委员会委员、中国科学院第四届青年联合会委员。在云南省2005～2006年度"女职工建功立业竞赛"和争当"云岭优秀女职工"活动中，陈雪飞被云南省教育卫生科研工会评为"先进女职工"，2012年被云南省总工会授予"五一巾帼标兵"称号，2018年被授予云南省"三八红旗手"称号。

陈雪飞在波兰举行的第八届热亚矮星及相关天体会议上担任主持

陈雪飞在科学研究、学术创新、担当奉献、职工素质提升等方面做出了表率，她始终保持谦虚谨慎的思想作风，善于向同事学习，倾听他人意见，始终坚持正直坦诚地为人、诚实守信地做事，严格要求自己，宽容大度待人，深受广大同事的信赖。

（撰文：单红光）

用古DNA解码人类历史

——记中国科学院古脊椎动物与古人类研究所研究员付巧妹

2009年，古人类学者开始对一块在罗马尼亚的洞穴中发现的、距今4万年的早期人类下颚骨化石进行研究。他们相信，它与已经消失的古人类尼安德特人之间有着极为密切的关系。

但由于埋藏环境过于潮湿恶劣，其中的人类DNA被高度降解，加之污染严重，因此想要有效提取出人类DNA是一个十分棘手的难题，于是很多欧洲科学家被迫放弃了对它的进一步研究。

然而，参与这次国际合作研究的中国科学院古脊椎动物与古人类研究所（以下简称古脊椎所）研究员付巧妹却没有放弃。

付巧妹在工作中

■ 未知是动力，创新是武器

"这个领域里有太多未知了，而这个未知就是我们做研究的动力。在一个一个剥开的过程中，把这些挑战变成不是挑战，然后去跨越它。"付巧妹说。

身为古脊椎所脊椎动物演化与人类起源重点实验室研究员、中国古 DNA 研究专家，付巧妹一直探索用分子生物学手段来研究人类起源与演化的历史。她曾从西伯利亚西部距今约 4.5 万年的人类股骨化石中，提取获得迄今最古老的现代人全基因组序列，为全球古人类学研究带来了突破性进展。

面对古人类化石 DNA 保存差、污染重、难以获取有效遗传信息的老大难问题，她曾主导研发出一种开创性的古 DNA 捕获方法，成功从中国 4 万年前的人类骨骼化石中提取出世界首例早期现代人核 DNA，打破了静态分析旧石器时代晚期单一个体基因组的研究局面，首次揭示了冰河时期欧亚地区人群动态变化。

这是一种类似"钓鱼"的方法。付巧妹巧妙地采用现代人 DNA 做了一个像吸铁石一样的引子，由于相似度极高，这个引子会把人骨上所有属于人类的 DNA 吸附并"钓取"出来，随后，她再对提取出来的人类 DNA 成分进行分离。

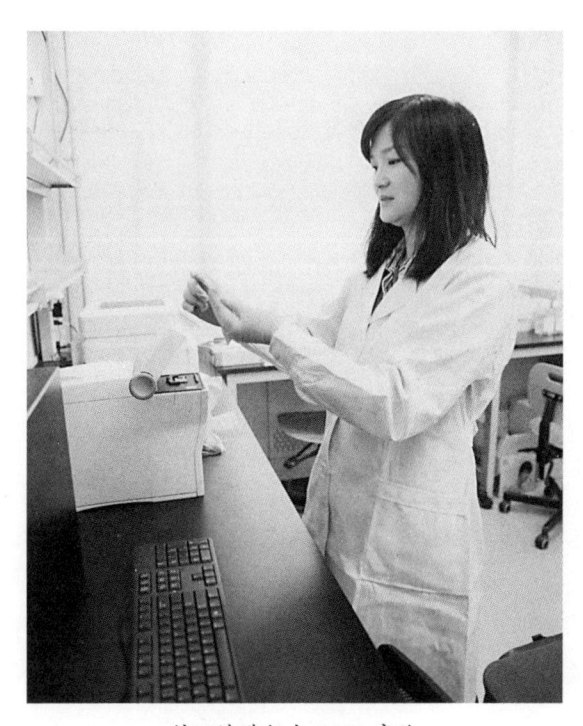

付巧妹进行古 DNA 实验

经过一系列对有目的性的大区域核 DNA 富集实验的反复尝试和不懈努力，最终，付巧妹从极为细微的古 DNA 信息里，分析发现这个样本的六世祖父母中有一个是尼安德特人，而尼安德特人被认为是几十万年前出现、早在 3 万~4 万年前灭绝的古人类。

付巧妹的发现，意味着现代人祖先与尼安德特人发生过不止一次的基因交流，且可能不仅仅局限于中东地区，在欧洲也同样发生过。她的这一发现，被《自然》认为是"相当惊人"的。

■ 科研探索，一直在路上

科学家总是在各自的研究领域不断攀登，向着科研的高地进发。付巧妹也是如此，在科研探索的路上，她从未停下过脚步。

在对欧洲单一个体的古 DNA 信息进行破译之后，她又将亚洲人群纳入研究。她带领团队提取分析了 51 个末次冰期 7000 年至 4.5 万年前欧亚人类个体的基因组数据，发现欧洲人的蓝色眼睛是直到 1.4 万年前才出现的。通过对这 51 个不同时空个体的遗传信息进行比对分析，她向人们展示出冰河时代欧亚人群的动态遗传历史。

付巧妹在遗传学、考古学与人类学交叉研讨会上做报告

近 10 年来，付巧妹在《自然》《科学》《当代生物学》《美国科学院院报》等国际顶尖学术期刊发表古 DNA 研究论文 30 多篇，其中在《自然》上发表 14 篇，被认为颠覆了世界对于欧洲人群历史的认识，为人类演化历史研究带来了变革。2016 年，《自然》将其评为"中国十大科学之星"。

■ 不忘初心，领跑古 DNA

从德国归来的付巧妹，带来了先进的古 DNA 研究理念和实验技术，填补了我国以前在相关领域的空白。利用中国得天独厚的化石资源和古脊椎所丰富的人骨骼样品库，她让古 DNA 技术与研究在中国大放光彩，在关于亚洲先民及相关遗址动物的历史探索中取得重要进展。

付巧妹通过测序分析了东亚最古老人类的第一个全基因组测序，揭示了东亚现代人复杂的遗传历史；通过解码最古老的大熊猫线粒体基因组，发现了新的大熊猫种群。

古 DNA 实验室团队

现在，付巧妹正在着力打造一支能够领跑世界的中国古DNA研究团队，研究重心也开始转向亚洲地区最早的智人，希望能为亚洲先人的历史探索带来更大的惊喜。在付巧妹看来，古DNA研究领域，世界正在看中国。如何保持领跑优势，这应该是她的责任与担当，不能有半丝懈怠。

（撰文：平婉菁）

战斗在传染病疫情的无声沙场上

——记中国科学院微生物研究所研究员施一

施一

夜深了,喧嚣的城市逐渐安静下来。灯下,一人,一盏茶,一份研究方案……施一微微抬头望向夜空,"如何能够顺利进行此项研究""寻求创新突破点的关键在哪"……这些问题一直回荡在他的脑海中,成为他科研生活中的常态。

从21岁到33岁,施一将人生中最美好的年华默默奉献给了病毒研究的科研事业。作为中国科学院微生物研究所(以下简称微生物所)最年轻的研究员之一,他一直怀着一颗赤子之心,淡泊做人、执着做事,默默书写着青春的光彩。

■ 寻梦:探索生命科学的奥秘

施一的研究专业属于生物学范畴,支持他一路走来的是对专业的兴趣和热情。

从幼年起，施一便喜欢阅读科幻故事，故事中的新奇物种和超前想法让他心醉神迷，也在他心中埋下了生物学研究的种子。

2006年，施一如愿进入微生物所，师从病毒学家、中国科学院院士高福，从此踏上了科研征程。施一说："人类本身是一个宝库，值得我们去挖掘。研究生物学，研究生命现象，认知生命的本质，是非常有意思的一个工作，这也是让我着迷的一点。"

施一应用扎实的结构生物学知识探索病毒的奥秘，从甲型 H1N1 流感病毒研究，到埃博拉病毒入侵宿主细胞的分子机制研究；从寨卡病毒非结构蛋白研究，到 MERS CoV 和 SARS CoV 三聚体刺突蛋白结构与功能的研究，他都取得了丰硕成果。

施一指导实验

截至 2019 年 10 月，施一已经在国际学术期刊发表 SCI 论文 90 多篇，其中以第一或通讯作者身份在《科学》《自然》等期刊上发表论文 20 多篇，参与编写了《免疫学前沿进展》和《疫苗学》，并译校了《病毒学原理》（第三版），申请国家发明专利 1 项，主持或参与国家自然科学基金项目 4 项、国家 973 计划项目 2 项、国家科技重大专项传染病防治专项 2 项。

从 21 岁开始，施一用 12 年时间完成了角色转换，由刚走上科研之路的研究生变成了独当一面的科研领军人物。研究员、博士研究生导师、国家自然科学基金优秀青年基金获得者、中国科学院"卢嘉锡青年人才奖"获得者、中国科学院"卓越青年科学家"项目资助者、首届"中源协和生命医学创新突破奖"获得者……这一系列头衔与荣誉，都属于这个年仅33岁的阳光大男孩。

■ 坚守：奋战在疫情无声的战场

H5N1、H7N9、埃博拉、寨卡……这些新发突发病原近年来对人类的侵扰从来没有停止过。作为一位病毒研究者，每一次针对不同病毒的研究，施一认为都是一场与时间的赛跑。

成功的背后总是藏着无数的困难与艰辛，施一也曾经历过无数个实验室中的不眠之夜、无数个从惊喜到沮丧的时刻，但他从不轻言放弃，始终默默坚持，严格要求自己与学生不断实验、修正、再实验，寻求新的突破。

施一指导实验

2009年，甲型H1N1流感在全球范围内大规模流行，形势严峻。疫情面前，高福迅速组织团队投入病毒研究。彼时，正在读博士研究生一年级的施一主动请缨。正是这次"出征"让他走上了传染病防控这条充满荆棘的道路。

2013年，我国面临H7N9禽流感疫情威胁。在对H7N9近乎一无所知的情况下，施一等凭借着果敢与睿智，解释了流行株普遍流行的原因。

2014年，埃博拉病毒疫情在西非地区暴发。经过精细研究，施一等向人们展示了埃博拉病毒的入侵机制，为开发针对埃博拉病毒的药物提供了宝贵的资料。

2016年，寨卡病毒疫情在全球蔓延，施一等再次向世界展示了中国传染病防控研究的速度。除了流感病毒外，埃博拉、寨卡疫情出现时，以施一为核心的科研人员同样挺身而出，利用自己的技术揭开了这些可怕病毒的"神秘外衣"，为防控此类疫情提供了有效的指导。

■ 担当：知识分子的情怀

"新发突发传染病的威胁时刻存在，作为研究者，将病毒基础研究和应用结合起来是一种责任，更是我们的本分。"正是怀着这样的信念，施一始终坚守在科研工作岗位，并坚信捍卫公共卫生安全是科研人义不容辞的责任。

施一在工作中

施一说，自己主攻的就是新发突发病毒研究，需要利用专业知识在短时间内对病毒感染机制进行充分分析，并帮助临床尽快研发出应对疫情的方案。

"我们做科研的，就是要面向国家重大战略需求。"施一说，"虽然有些病毒还没有在我国境内产生影响，如非洲的埃博拉病毒，但也要仔细研究。只有将传染病防控的关口前移，方能'御敌于国门之外'。"

从施一身上，我们看到了青年一代科学家的情怀担当和敢为人先的精神，他们始终奋战在科研的前线，坚守传染病防控事业，为人们的生命健康保驾护航！

（撰文：唐　萍　王　敏）

搭起损伤再生的希望之桥

——记中国科学院遗传与发育生物学研究所再生医学研究中心主任戴建武

长期以来，不孕不育都是困扰全世界医学研究者的一道难题。其中，子宫内膜粘连和瘢痕化造成的不孕不育更被视为医学上的"死刑"。

然而，这一难题终于有望被彻底攻克。2014年7月17日，世界第一例子宫内膜再生临床研究婴儿在南京市鼓楼医院顺利诞生。消息一出，立刻震惊了世界再生医学界。

完成这一再生医学"壮举"的，正是中国科学院遗传与发育生物学研究所（以下简称遗传发育所）再生医学研究中心科研团队，而主任戴建武更是在再生医学领域辛苦耕耘近20年之久。

戴建武参加2018年中国细胞生物学学会干细胞生物学分会第八届年会

■ 聚焦世界级难题

早在 18 世纪时，来自瑞士的科学家就发现，单细胞生物淡水水螅在身体截断后可以再生。之后，科学家又陆续发现，两栖类爬行动物，如蝾螈、壁虎等，身体的某些部位在受损后都可以获得再生。

于是，科学家产生了一个"奇思妙想"：人类能否像水螅和蝾螈一样，把自己的身体作为反应器，让器官组织在体内再生呢？

在这一设想的启发下，令世界惊艳的再生医学应运而生。再生医学是一门前沿交叉学科，包含了应用生命科学、材料科学、临床医学、计算机科学和工程学等学科的原理与方法，研究和开发用于替代、修复、重建或再生人体各种组织器官的理论与技术。

戴建武和他的再生医学团队正是这一领域的佼佼者。在戴建武看来，组织器官缺损后的自我修复和再生是广义上的"再生"，但再生并非永生，而是帮助患者延长生命或者提高人类的生活质量。

"再生医学转化研究的最终目的是实现再生医学成果用于临床和解决临床问题。"戴建武这样表示。

戴建武担任 2017 年香山科学会议第 610 次学术讨论会
"脊髓损伤再生修复的关键科学问题"执行主席

正是本着"解决临床问题,提高生活质量"的宗旨,戴建武在再生医学领域潜心研究,一路攻关克难。

近 20 年来,戴建武及其团队在再生医学基础理论和应用转化研究中取得多项原创性成果,领导了包括脊髓、子宫内膜、卵巢、心肌等组织器官再生的多个临床研究,引领了再生医学领域的发展。

截至 2019 年 9 月,戴建武在国际期刊上发表论文 200 多篇,他引 5000 多次;获国内外发明专利授权 30 多项,其中欧洲专利 1 项、美国专利 4 项、日本专利 1 项。

与此同时,诸多荣誉也纷至沓来。2012 年,他获得国家科学技术进步奖二等奖;2014 年,他入选中央电视台"年度十大科技创新人物";2016 年,他获得中国侨界再生医学创新成果贡献奖;2017 年,他获得中国细胞生物学学会干细胞生物学分会"干细胞成果转化奖"。

■ 谋求人类福祉

经过多年的潜心研究,戴建武团队研发了可以特异结合再生因子及/或干细胞的系列功能生物材料,解决了再生医学领域组织器官再生微环境重建的关键技术问题。

更重要的是,在完成临床前研究的基础上,戴建武及其团队还针对严重子宫内膜粘连、脊髓损伤、卵巢早衰等医学难题开展了多项世界首例临床研究。

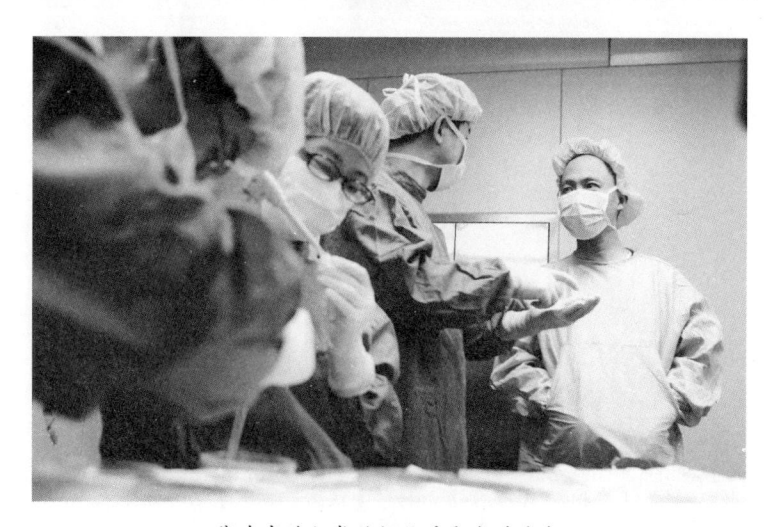

戴建武进行脊髓损伤手术术前准备

2013年起，戴建武带领团队在南京市鼓楼医院开展了世界首个胶原支架材料结合干细胞引导子宫内膜再生临床研究，利用结合自体骨髓干细胞或临床级脐带间充质干细胞的胶原生物材料，治疗严重子宫内膜粘连导致不孕的患者。

伴随着世界第一例子宫内膜再生临床研究婴儿的顺利诞生，该研究已进入多中心临床研究阶段，此后陆续诞生了30多位"再生宝宝"。这一再生医学领域的重大原创性成果，有望造福全球上千万因子宫内膜瘢痕造成不孕不育的育龄妇女，具有重大社会意义。

除此之外，戴建武还提出利用智能生物材料拮抗脊髓损伤后再生抑制信号进而重建有利于神经再生微环境的技术思路和方法，研发了具有自主知识产权的神经再生胶原支架材料，完成了多批次大鼠和300多只比格犬的脊髓损伤再生动物实验研究，在国际上首次实现了大动物大段脊髓完全性缺损模型动物的神经再生和功能恢复。

2015年1月16日，戴建武带领团队在国际上首次开展神经再生胶原支架结合细胞治疗脊髓损伤的临床研究，截至2019年9月已完成入组陈旧性患者60多例，超过50%的患者出现植物神经功能或感觉平面改善的情况。完成入组急性患者近20例，建立了更严格的急性完全性脊髓损伤判定标准，部分患者有明显的运动功能改善。

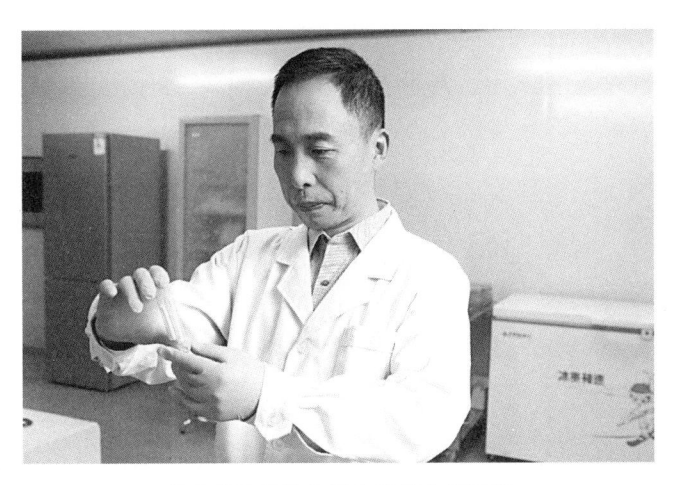

戴建武开展神经再生胶原支架研发

在急性完全性脊髓损伤的临床研究中，戴建武首次建立了严格的急性完全性脊髓损伤判定标准，完成了10多例急性完全性脊髓损伤手术，部分患者出现准确的大小便感觉和自主的运动功能恢复。该临床研究已走在世界前列，受到国内外医学再生领域的广泛关注。

2018年1月12日，一名健康的男婴在南京市鼓楼医院顺利出生，标志着戴建武团队开展的世界上首项脐带间充质干细胞复合胶原支架材料治疗卵巢早衰临床研究获得成功，成为我国干细胞与再生医学技术在生命健康领域内取得的又一项重大进展。

作为我国2016年首批国家卫生健康委员会备案的干细胞临床研究项目，该项目着眼于卵巢功能早衰（premature ovarian failure，POF）这一导致女性不孕的"不治之症"。截至2018年底，已入组23人，其中9位受试者已有优势卵泡活动，2位受试者获得临床妊娠。除了卵巢早衰不孕的治疗外，通过该技术还有望攻克高龄妇女卵巢功能低下的难题，因而具有巨大的社会及经济效益。

鲁迅在《故乡》里曾这样写道："其实世上本没有路，走的人多了，也便成了路。"做第一个"吃螃蟹"的人总是不易的，但戴建武正和他的团队一道，甘做再生医学领域的"趟路人"。

（撰文：李佳音　胥伟华　孟　菲）

创"芯"国之重器 践行科技强国梦
——记中国科学院计算技术研究所研究员陈云霁

在外人看来，陈云霁是一个总"弯道超车"的天才。从求学到工作，一路走来，他仿佛开了"外挂"。14岁考入中国科学技术大学少年班，24岁在中国科学院计算技术研究所（以下简称计算所）取得博士学位，29岁晋升为研究员，33岁被《麻省理工科技评论》评为2015年全球35位"35岁以下杰出青年创新者"，35岁荣获"全国创新争先奖"……

然而，陈云霁自己却认为，科学研究没有捷径可走，"要让中国在人工智能时代实现'弯道超车'得下苦功夫"。

■ 少年班出来的研究员

陈云霁于1983年出生在江西南昌一个普通知识分子家庭。他从小热爱学习，博览群书。9岁上中学，14岁上大学，陈云霁完成了人生中的第一次"弯道超车"。

然而进了少年班以后，他发现自己并不是最快的那一个。"学习、生活各方面都有点准备不足。"他笑着说，"'弯道超车得下苦功夫'的道理，最开始是少年班教给我的。"

陈云霁自认为在少年班既不是最聪明的，也不是最勤奋的，成绩在班上属于"后半截"。少年班的培养模式比较特殊，可以根据兴趣选专业，班里不少人都选了数学或物理。"那时候大家都觉得自己是数学天才。"陈云霁回忆，"记得数学大师陈省身给少年班有个题词是'不争第一'，我想，拿不到第一不要紧，但是得从事个感兴趣的方向。"

2018年全国大众创业万众创新活动周上，陈云霁代表创新创业者发言

谈起"短暂"的童年，他认为兴趣对自己的影响很大。"父母很注意培养我的好奇心。父母书架上的书，不管是工程类的，还是历史方面的，我都爱看。"陈云霁至今还对历史十分痴迷，他认为这和启蒙教育关系很大。"对于孩子来说，兴趣比方向重要。"

■ 十年一日的创"芯"者

大学三年级，对未来还有些懵懂的陈云霁就把计算机系所有实验室的门敲了个遍，问是否接收本科生。最后，教计算机体系结构的周学海教授所在的实验室收下了他。

计算机体系结构，通俗地说，就是研究如何用晶体管的"砖石"搭出计算机的"大楼"。尽管在研发过程中做的都是些打下手的"杂活"，但这却让陈云霁第一次感受到计算机的巨大魅力。

大学最后一年，听说计算所开始研制国产通用处理器（龙芯1号），陈云霁觉得若能参与到国产通用处理器的研发中去，将是个难得的机会。

2002年,陈云霁如愿以偿地来到计算所,跟随胡伟武研究员硕博连读,成为当时"龙芯"研发团队中最年轻的成员,一干就是12年。

"没有'龙芯',就没有今天的陈云霁,是胡老师的言传身教带我走上芯片行业。"陈云霁说。陈云霁最敬佩胡伟武强大的意志力,"他能想别人不敢想、做别人不愿做的事情,他的工作作风深深地影响了我及后来的寒武纪团队"。

博士研究生毕业后,陈云霁选择留在计算所。25岁时,陈云霁成为8核"龙芯3号"的主架构师。

陈云霁参加国际会议

■ 勇于创新的科技人

自2008年起,陈云霁开始研究如何用计算机模拟人的智能,并生产出与人类智能相似的机器。也就是说,通过体系结构来设计神经网络芯片。

在实践中,这条道路远没有想象的那么好走,陈云霁遇到了许多困难。他提出了一系列基于人工智能方法的处理器研发技术,并多次向体系结构顶级会议投稿,但最后都以被拒而告终。这些没有让他放弃人工智能之梦。他相信,只要把研究做得更深入,外在的困难总是能克服的。

2014年是陈云霁丰收的一年。当年 3 月，在美国盐湖城召开的国际体系结构支持、编程语言和操作系统国际会议（international conference on architectural support for programming languages and operating systems，ASPLOS）上，陈云霁团队和 INRIA 团队合作的成果——"一种小尺度的高吞吐率机器学习加速器"的智能处理能效达到传统芯片的近百倍，获得了"最佳论文奖"。这也是中国（不含港澳台）科研机构首次在国际计算机系统和高性能计算领域顶级会议上获得"最佳论文奖"。

陈云霁担任中国计算机学会（China Computer Federation，CCF）A 类 ASPLOS 2017 年会议大会主席

"DianNao"和"DaDianNao"是陈云霁团队为其研究成果所起的论文标题。参加国际会议时，陈云霁经常要给外国同行正音，特别是"脑"的三声发音"折磨"了许多人。但在他们看来，这更具魅力，因为之前还没有中文发音的芯片。

■ 做到极致的领导者

如今的陈云霁，身为计算所寒武纪基础研究团队的领导者，他喜欢把感兴趣的事情做到极致。在他看来，搞科研要忠于兴趣，而不是单纯为了拿项目、发论文。

"搞研究要敢于做大多数人不敢尝试的。胡伟武做'龙芯'时可谓石破天惊，大家都觉得做不出来，但他无畏打击、坚持前行。"在陈云霁看来，当一项工作变成热门时再跟风就晚了，要在大家还没扎堆时提前做些基础研究，这样当风口来临时，才能迎头赶上。

陈云霁荣获 2014 年度 CCF"青年科学家奖"

陈云霁认为，正如工业时代的蒸汽机、信息时代的通用中央处理器，智能时代也将会出现智能芯片这一核心物质载体，芯片研究的使命将从信息时代的计算转变为支撑机器智能。面向未来，正如地质年代寒武纪产生了进化史上的一个重要事件——"寒武纪生命大爆发"一样，寒武纪系列智能芯片也将伴随人类智能科技的发展而不断壮大。

（撰文：支 天 檀彦卓）

用创新"催化"社会发展

——记中国科学院大连化学物理研究所合成气转化与精细化学品催化研究中心主任丁云杰

"认认真真做事，堂堂正正做人"是中国科学院大连化学物理研究所（以下简称大连化物所）合成气转化与精细化学品催化研究中心主任丁云杰做事做人的标准。

近年来，丁云杰带领团队用刻苦钻研的精神和认真负责的态度，完成了一项又一项工业化成果。作为研究组组长，他立意高远，急国家之所急，抓住机遇，迎难而上，在实现实验室催化技术产业化方面做出了重要贡献。

■ 专业上的行家里手

丁云杰主要从事催化反应及其过程和催化新材料的研究工作，在合成气转化和精细化工催化等方面主持多项重要研究课题，先后有 7 项催化技术实现了产业化；6 项技术正在进行产业化，其中包括 3 项原始创新性技术。

丁云杰利用团队开发的乙醇胺临氢氨化制乙二胺专有技术（MEA 法），建成了我国第一套 1 万吨/年 MEA 法生产乙二胺（EDA）工业化装置，该装置于 2011 年 8 月在山东联盟化工股份有限公司成功开车，EDA 产品质量达到国际优级品标准（纯度为 99.8%）。

此次开车成功，标志着我国已经掌握了国际上先进的清洁 MEA 法生产 EDA 的成套技术，打破了国外公司在该领域的技术垄断。2019 年，该装置已平稳运行 8 年多，实现产值超过 10 亿元。

在此基础上，丁云杰团队联合企业进一步新建了年产 3 万吨的乙撑胺装置，并于2015年3月顺利投料生产，装置年产值超过6亿元。该成果于2015年6月30日通过专家组鉴定，获得辽宁省科学技术奖二等奖及"中国专利优秀奖"。2016年，该项技术已经日趋成熟，并成功与印度Balaji有机胺公司签订了整套技术转让合同。

丁云杰在印度Balaji有机胺公司开工现场

■ 试验中的"顶梁柱"

2019年，丁云杰团队的15万吨/年合成气直接合成以柴油为主的油品成套技术示范试验，以及10万吨/年合成气制混合伯醇联产液体燃料工业性示范工作正在紧锣密鼓地进行中。项目一旦开车成功，将给国家带来巨大的社会效应和经济效益。

在这个项目上，丁云杰可谓倾注了太多心血。为了掌握第一手资料，他经常出现在生产一线，了解每道工艺流程、每个设备的工作原理和运行状况。每次出现问题的时候，他总能有针对性地提出解决办法，一个办法不行，就再想新的，问题不解决决不罢休。

虽说项目困难重重，但在丁云杰的领导下，团队逢山开路，遇水搭桥，遇到的难题都迎刃而解，并于2016年完成了催化剂标定工作。

79

丁云杰与工作人员讨论工作

2017年，丁云杰负责开发的4种煤制乙醇技术已分别实现了工业化或完成了工业性中试。在此基础上，世界上第一套千吨级合成气制乙醇工艺技术也成功进行了工业中试。2016年，乙酸直接加氢制乙醇技术正依托索普公司的甲醇羰基化制乙酸装置的现有原料、场地和主要资金，与索普公司和五环工程公司合作进行3万吨/年乙酸加氢制乙醇工艺技术的工业示范。

值得一提的是，与美国Celanese公司的技术相比，在相近的能耗和物耗下，丁云杰研究团队技术的产物是无水乙醇，而Celanese公司的产物为95%的乙醇。显而易见，前者更有优势。

■ 应用界的前行者

丁云杰团队还开发出世界上首套30万吨/年乙酸-丙烯酯化及其加氢制乙醇和异丙醇的工业化技术。该技术具有原子经济性，产品纯度达到99.95%以上。

丁云杰领导的研究组还开发了甲醇-合成气经多相羰基化制乙酸甲酯及其加氢制乙醇的技术，完成了工业单管放大试验，并在此基础上初步完成了30万吨/年工业化装置的工艺软件包编制，与天津渤海化工集团有限责任公司意向签订了30万吨/年的乙醇工业示范装置。

更加难得的是，丁云杰带领的团队不是只有一项技术实现万吨级以上的工业化应用，这样的例子可以说是数不胜数。

其中，2万吨/年对苯二甲酸二甲酯加氢制14环己烷二甲醇生产装置已于2014年在江苏张家港成功投产并稳定运行；10万吨/年丙酮加氢制异丙醇生产装置也于2016年投产；年产3000吨的煤/天然气经合成气制液体燃料工业放大性试验，已在中国石化镇海炼化股份有限公司成功运行5000多个小时。

丁云杰在实验室现场介绍研究组成果

丁云杰带领科研团队进行项目攻关的同时，始终坚持应用导向的基础研究。在他看来，基础研究的主要意义在于从大量研究信息中鉴别真伪，获取和理解基础研究提出的概念与精华，从原子、分子水平上理解化学反应，以及为可能出现的原始创新提供基础与积累。

所以，他在做应用科研项目的同时，对遇到的问题会仔细推敲、探究机理，在解决问题的同时也促进了基础研究的进展，而这也是丁云杰研究团队能始终保持技术领先的原因所在。

■ 工作中的模范党员

对科研的执着热爱让丁云杰放弃了太多的休息时间。一个科研项目从实验室小试到中试、再到工业化，往往要克服许多意想不到的困难，而他主持的这几个工业化项目都没有可供借鉴的经验。

面对困难，丁云杰坦然面对，把别人眼中的不可能变成可能。在工业化装置试运行期间，他经常在工厂一待就是一二十天，每天都和工人们一起奋斗在生产一线。遇到问题就和相关人员讨论至深夜，总是想以最快的速度解决问题，力求降低运行成本。

丁云杰做大会报告

在生产一线，丁云杰完全没有节假日的概念，工人三班倒还有休息的时候，但他却是三班连轴转，同时还要管理组里其他项目和工作。同事们经常劝他注意休息，但他却将飞机场、生产一线、宾馆都变成了办公场所。为了节约时间，午夜和凌晨的飞机是他出差的首选，因为这样不会耽误第二天开会或工作。

在大连化物所"我们身边的科学家"报告会上，丁云杰以"怎样当研究组组长"为题向大家传授了经验。他说，开展应用研究要主动适应国家经济发展的新常态，在瞄准国内市场的同时，积极开拓国际技术市场。确定选题时要将我国企业的实际需求与我们的研究积累结合起来，要从实验室小试就开始以适应现有工程化技术为目标来调整研究的策略，多参加行业内相关会议，将自己的成果积极推介出去。通过寻找能适用我们技术特点的企业作为合作伙伴，以开放的心态与合作伙伴进行强强联合，让有经验的单位帮助解决我们遇到的专业问题，以缩短研发时间，减少技术链上的瓶颈，实现从"科学语言"向"工程语言"的转换，这样才能拥有推动科学技术向工程应用的真本事。

丁云杰以实际行动践行着"追求真理、服务国家、造福人民"的科技价值观，秉承着共产党人的优良传统，在推进"四个率先"目标的创新实践中，做出了一名科技工作者应有的贡献。

（撰文：宁丽丽）

神光赤子林尊琪

——记中国科学院上海光学精密机械研究所研究员、中国科学院院士林尊琪

林尊琪

"油灯已经接近耗尽……但我的任务尚未完成。我必须有信心,承担自己应该承担的任务,绝不能消极对待。直到最后一刻!"

这是中国科学院上海光学精密机械研究所(以下简称上海光机所)林尊琪院士写在"服药方法"记事本里的一段话。在与疾病抗争的最后日子里,他所惦念的仍然是实验室里的点滴进展。

2018年5月28日,我国著名的高功率激光技术专家、高功率激光物理学家,原863计划激光驱动器技术及器件专题组负责人,国家科技重大专项专家委员会

委员，我国神光Ⅱ装置建设技术总负责人，中国科学院院士林尊琪与世长辞，享年76岁。

■ 毕生精力铸就国之重器

在上海光机所高功率激光物理联合实验室里，横卧着一个足有半个足球场大的激光装置，在十亿分之一秒的瞬间，其迸发的能量相当于全球电网的数倍。在自然界中，类似的物理条件只有在核爆炸中心、恒星内部或是黑洞边缘才能找到。这个被誉为"人造小太阳"的科学装置被形象地称为"神光"。

让林尊琪毕生聚能的正是这台庞大而又复杂的国之重器。他就像为"神光"而生，无穷无尽地燃烧着自己的一颗赤子之心。即便是在最后的日子里，他心心念念的仍是他的"神光"。

1942年，林尊琪出生于北京。1964年，从中国科学技术大学无线电系毕业的林尊琪被分配至上海光机所工作。当刚刚毕业的林尊琪第一次走进上海光机所与同样年轻的研究所凝神相对时，他也许并没有想到自己将在这里释放出余生所有的光辉。

林尊琪在工作中

在林尊琪长达半个多世纪的科研生涯中，他始终着眼于国家需求，勤恳敬业，勇挑重担，致力于惯性约束聚变高功率激光驱动器和X射线激光研究，为我国惯性约束聚变激光驱动器发展解决了多项关键科学技术问题,做出了重大贡献。

在我国大型高功率激光实验装置神光Ⅱ的研制过程中,他创新性地提出了多项关键科学技术方案,圆满解决了一系列科学技术难题,使神光Ⅱ装置性能全面达到世界先进水平,实现了我国惯性约束聚变高功率激光驱动器研究能力的重大跨越。

同时,他还提出和发展了精密激光瞄准、激光远场焦斑旁瓣分布研究等多项创新科学技术,为我国高功率激光装置精密化稳定工作做出了突出贡献。

作为首席科学家,林尊琪先后负责了我国首个主动诊断光"神光Ⅱ多功能高能激光系统"、以色列国家激光装置和国家重大专项"神光Ⅱ升级激光装置"的总体设计和研制工作,为我国激光惯性约束聚变驱动器的持续发展奠定了坚实的基础。

■ 高瞻远瞩部署自主技术

"在关键领域'卡脖子'的地方下功夫,改变核心技术受制于人的局面",是国家对科技创新提出的要求与希望,也是林尊琪一生积极践行的战略思想。

"不支持国内产品,质量怎么可能赶超国外?"在大家的印象里,这是好脾气的林院士第一次大嗓门。

在领导863计划激光驱动器技术及器件专题组时期,针对西方国家公然撕毁关键器件合同的情况,林尊琪花大力气推动了大口径晶体的生长与加工、钕玻璃加工、光学元件镀膜及光栅刻蚀等我国高功率激光装置不可或缺的原材料与单元技术的自主创新。

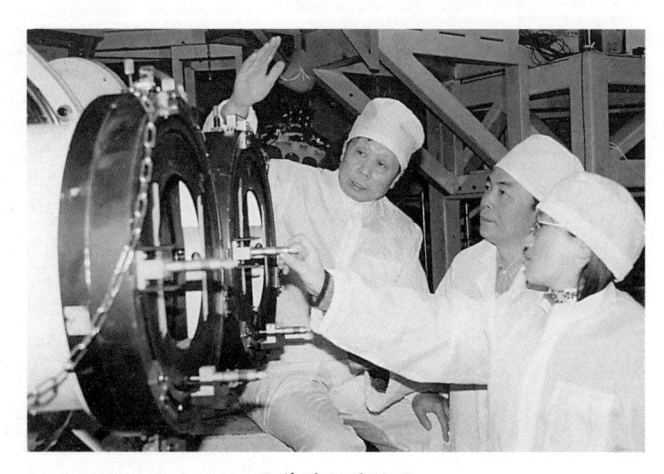

林尊琪指导试验

如今，这些元器件已完全摆脱了对国外技术的依赖，部分性能达到国际领先水平。该领域也成为我国最不怕被西方国家"卡脖子"的领域之一。

2016 年，身体状况每况愈下的林尊琪收到一封来自广东某企业的邀请函。他二话没说，拖着疲惫的身体就去了。别人问他："这企业没一点核心技术，您为什么非要去呢？"他长叹一口气说："这家企业市场基础很好，我希望它能在核心技术研发上再多投入一些，最终能有所成就啊！"

■ 淡泊名利永葆家国情怀

在林尊琪的世界里，有科学、有学生、有国家，却唯独没有自己。在科研生涯中，他几乎没有休息日，生活与工作早已密不可分，家与上海光机所也无甚区别。然而对名利，他却没有丝毫追求。

他严于律己，数次婉拒单位配车，古稀之年仍坚持骑自行车上下班。在上海光机所工作的生涯中，他始终奋斗在科研一线，从未在外兼职或挂名，唯一主动要求的"中国科学院中国工程物理研究院高功率激光物理联合实验室总工程师"的头衔，也只是为了能更好地部署他魂牵梦萦的三倍频负载能力提高的课题。

林尊琪和学生们

几十年来，林尊琪先后培养了 40 多位硕士和博士研究生，桃李满天下。2002 年以后，林尊琪把实验室副主任的岗位让给了年轻人。对于比较成熟的技术，他也让年轻人自由发挥。他一直强调"研究成果是集体智慧的结晶，要依靠团队"，可到了申报奖项和项目时，却总把自己的名字抹去或往后挪。

"干惊天动地事，做隐姓埋名人"，这正是林尊琪一生的写照。在科研事业上的无比坚定，在名利追求中的无比淡漠，在日常生活里的无比亲切，铸就了林尊琪这样一个在每个人心中都永远鲜活、永不褪色的形象。

鞠躬尽瘁，毕生热血铸神光；求真唯实，丹心宏志照后人。他是所有科研工作者的精神之碑，将永远与中国的高功率激光事业共存！

（撰文：沈 力 杨 琳）

中药现代化的拓荒者

——记中国科学院上海药物研究所研究员王逸平

王逸平

2018年4月11日,中国科学院上海药物研究所(以下简称上海药物所)研究员王逸平倒在了自己的办公室里,永远地离开了他所钟爱的新药研发事业,时年55岁。

25年来,他饱受病痛折磨,却以顽强的毅力和无私奉献的精神,走出了一条具有中国特色的原创新药研发之路,领衔研制出创新中药——丹参多酚酸盐。他造福了千万病患,自己却在生命的最后一刻倒在了无比热爱并为之奋斗终生的工作岗位上。

2018年11月，中共中央宣传部向全社会公开发布王逸平的先进事迹，追授他"时代楷模"称号。

■ 坚守信仰，十年攻关

"药学研究的每一份付出、每一点进步，都能为百姓生命健康带来一丝希望。"在上海药物所工作的 30 年来，王逸平始终把党的要求、人民的需要作为自己的人生选择和奋斗目标，坚持研发创新药物。

心血管疾病是严重危害人民健康的重大疾病。为此，王逸平长期从事心血管药物的药理作用机制研究及心血管药物研发，先后开展了对关附甲素在抗心肌缺血上的作用机制研究和以银杏叶成药的天保宁[①]的临床药理研究等工作。由于科研能力和成绩突出，31 岁时，他成为当时上海药物所最年轻的课题组长。

1994 年起，王逸平与宣利江研究员合作，率领研究团队对丹参展开研究。历经 13 年的不懈努力，团队成功研发出现代中药——丹参多酚酸盐。

该项目后被列为国家发展和改革委员会中药现代化示范工程项目，在全国 5000 多家医院得到临床应用，2000 多万名患者从中受益，累计销售额突破 250 亿元，被誉为"最具市场竞争力的医药品种"，成为我国中药现代化研究的典范。

在进行丹参多酚酸盐研究的同时，1997 年起，王逸平在长达 21 年的时间里连续主持对硫酸舒欣啶的药理学研究。2018 年 1 月，研究成果完成 II 期临床试验，并获得中国、美国、英国、法国、德国、意大利和日本等国家的发明专利授权。

王逸平在实验室

---

① 银杏叶片。

王逸平先后承担科学技术部"创新药物和中药现代化"专项、中国科学院重大专项、863计划课题等一系列重大科研项目，取得了丰硕的科研成果。他领导团队构建了包括心血管疾病治疗药物先导化合物筛选、候选新药临床前药效学评价、药物作用机制研究等完整的心血管药物研发平台体系，完成50多个新药项目的临床前药效学评价，为企业科技创新提供了强有力的技术支撑。

30岁时，王逸平被确诊患有克罗恩病。面对日益加重的病情，他25年如一日，独自承受着常人无法忍受的病痛，以顽强的毅力和积极向上的精神坚守在新药研发的岗位上。甚至在生命的最后日子里，他不得不靠加大用药剂量和注射止痛针来换取宝贵的科研时间。

王逸平没有出国留学的经历，也没有五花八门的人才头衔和"帽子"。他将毕生时间和精力都放在做中国自己的新药上。在默默无闻的科研工作中，他攻坚克难、无私奉献，做出了一流的科研成果，成就了不忘初心、不懈奋斗的无憾人生。

■ 不忘初心，无私奉献

"鞠躬尽瘁为民做药"是王逸平一生的写照，但这却不是全部。作为上海药物所学位委员会副主任，王逸平对研究生教育和人才培养倾注了极大的热情与心血。

他平时特别关心爱护学生，会在午餐时特意给学生买一份家乡口味的菜；学生生病了，他会组织实验室的同学集体去探望；逢年过节他会给学生发放补助，还不忘叮嘱他们给父母带去一份礼物……王逸平共培养了30多名硕士、博士研究生，很多毕业生都已成长为年轻一代的优秀科技人才。他带领的研究团队也获得"中国科学院先进集体"的称号。

王逸平是党和国家培养的新一代党员科学家的典范。他不仅在研究岗位上做出了一流成果，获得国家技术发明奖二等奖、"中国科学院杰出科技成就奖"等，还长期在科研一线担任党总支书记、党支部书记，为研究所党组织建设做出了很大贡献，荣获"上海市优秀共产党员""上海市劳动模范""全国先进工作者"等称号。

王逸平为人谦和，不事张扬。他深知新药研究团队协作的重要性，认为新药研究从来没有"孤胆英雄"。他不计名利得失，真诚无私地与所有合作者一起开展新药研发，获得了广泛的信任和尊重。对于他的突然离世，合作者们都痛感失去了"科研的另一半"。

30～55岁这段人生中最美好的时光，王逸平是在为解除人民病痛研发新药的艰难探索中度过的，也是在与疾病的漫长斗争中度过的。王逸平输给了病魔，却跑赢了人生；他燃尽了自己，却照亮了千万患者的健康之路。他身上突出的特点可以概括为三个"坚"——坚定的信念、坚强的信心、坚韧的毅力。

王逸平作讲座

为弘扬王逸平的先进事迹和崇高精神，引导和激励广大科技人员忠于国家、忠于人民，勇攀高峰、敢为人先的使命担当和创新自信，2018年11月，中共中央宣传部向全社会公开发布王逸平的先进事迹，追授他"时代楷模"称号。

（撰文：唐　琳）

女科学家智慧顶起"半边天"

——记中国科学院微小卫星创新研究院科研管理部部长程睿

程睿

没工夫带孩子上辅导班，抽不出时间参加家长会，就连周末也不能陪孩子出去玩。但在女儿眼中，有个会"造卫星"的妈妈是最令她骄傲和自豪的。

这个"造卫星"的妈妈，就是中国科学院微小卫星创新研究院科研管理部部长，同时担任"遥感三十号"卫星副总指挥、全球二氧化碳监测科学实验卫星型号办公室（以下简称型号办）主任的程睿。

■ 仰望苍穹

程睿说，梦想可以很大，大到苍穹；可以很小，小到一行代码。

为有效掌握全球二氧化碳分布情况，863计划立项了"全球二氧化碳监测科学实验卫星与应用示范"项目,部署打造我国首颗全球二氧化碳监测科学实验卫星(以下简称碳卫星)。

碳卫星将围绕气候变化这一当今国际社会普遍关心的重大问题,以大气二氧化碳遥感监测为切入点,利用高光谱与高空间分辨率二氧化碳探测仪等设备,通过地面数据接收、处理与验证系统,定期获取全球二氧化碳分布图。

碳卫星是国家科学技术部为应对全球气候变化、提升我国全球二氧化碳监测能力部署的一项重大任务。作为碳卫星的型号办主任,程睿在整个任务中发挥了"发动机"和"润滑油"的重要作用,从研制工作的策划、计划,到内外接口的组织协调,再到人员设备的保障,等等,都由她带领型号办驱动运行。

不同于传统航天项目,此次的碳卫星是首个将863计划与航天工程管理紧密结合的案例,需要将两者不同的管理模式进行融合。这也就意味着,工作难度要翻倍,工作量也要翻番。

很多前人没有做过的工作全都压在了当时年仅30岁的程睿身上。她不负众望,积极探索工程管理模式,充分发挥专家团队的融合指导监督作用,同时把关科学研究和工程实施,最终取得了良好的效果,得到了用户的高度认可,此次探索也被誉为是863计划与航天工程的"完美联姻"。

程睿在总装厂房

由于工作性质特殊,加班、出差、打电话成为程睿日常生活中最基本的"模式"。对于一名女性科研工作者而言,这往往意味着更多的付出。

接手碳卫星研制任务时，程睿的女儿只有1岁半。有一次，刚刚学说话的女儿拿起电话放在耳朵边，说道："喂，尹总！"她以为电话就是妈妈常常汇报工作的"尹总"。出差更是家常便饭，她往往拎包就走，凌晨赶到北京，下午又赶回单位继续工作。

6年时间，大到整体计划，小到每个工作包的计划，程睿都了如指掌，型号工作从未发生预期外的推迟，也从未出现过质量安全问题。她的这份热情也感染到团队中的每个人，大家开始学着多考虑其他分系统，多承担一点总体工作。经过锻炼，这支平均年龄只有31岁的年轻团队培养出了十几名"两总"（总指挥、总设计师）和主任设计师。

2016年12月12日凌晨，酒泉卫星发射中心成功将碳卫星送入预定轨道。目前，卫星在轨状态良好，已经获得大量碳浓度数据，为有效掌握全球二氧化碳分布情况、提升我国碳排放话语权提供了基础，使我国成为全球第三个具有全球碳排放数据的国家。

■ 先锋带头

作为一名新时代的共产党员，程睿对待工作认真负责，始终保有热情和激情，面对困难和问题时能够主动思考、克服困难，在实践中不断认识自我、修正自我，提高自身素养，坚定政治立场和政治原则，保证重大任务顺利实施，起到先锋带头作用。

作为第二党支部书记，程睿积极组织党员召开组织生活会，学习党的十九大报告，开展交流讨论，促进党员能够结合工作保持先进性。

作为"遥感三十号"卫星的副总指挥，同时也是发射场试验队临时党支部的支部书记，程睿在基地期间带领试验队员继承"党建跟着队伍走，支部建在发射场"的优良传统，充分发挥临时党支部的战斗堡垒作用。考虑到"遥感三十号"卫星发射试验队要在西昌卫星发射中心持续进驻半年时间，她精心策划了临时党支部系列活动方案，确保发射队伍思想有引领、组织有保障，对型号任务的圆满完成发挥了重要作用。

"遥感三十号"卫星发射试验队第二组进入基地的首日恰逢党的十九大召开。在程睿的精心组织下，当日清晨，临时党支部全体党员统一着装，整齐列队，齐唱国歌，举行了庄严的升旗仪式。全体党员面向国旗，庄严宣誓，并利用西昌卫星发射中心食堂的电视机集中收看了习总书记做的党的十九大报告，学习讨论党的十九大报告精神，畅谈初学体会。

程睿对临时党支部提出了"三个一"要求：一心一意深入学习党的十九大报告精神，一鼓作气保证发射任务圆满成功，一如既往完成希望小学支援工程。

"遥感三十号"卫星发射试验队驻扎的西昌发射中心位于四川凉山地区，程睿在了解到当地的春苗希望小学硬件设施十分落后的情况后，立刻组织临时党支部与微小卫星创新研究院党总支联动，把支援该小学作为临时党支部的一项工作，为孩子们改建起一间能够承载他们学习愿望的图书室，为教师改造一间能够坐下来备课的办公室。

图书室里添置了新的桌椅、台灯，摆放了大家捐赠的图书；教师办公室里的桌椅、电脑等也配置到位、投入使用。孩子们在临时党支部成员亲手绘制的"航天墙"下，扬起了梦想的风帆。

（撰文：刘碧如）

与"悟空"同行 寻宇宙之谜

——记中国科学院紫金山天文台台长常进

常进

2015年12月17日,我国空间科学先导专项的首发星——暗物质粒子探测卫星"悟空号"成功发射升空,实现了我国天文卫星零的突破。

上天后的"悟空号"没有让"师父"——中国科学院紫金山天文台台长、暗物质粒子探测卫星首席科学家常进及其团队失望。截至2018年底,"悟空号"已绕地球飞行了16 597圈,探测宇宙射线粒子55亿个。基于"悟空号"积累的观测数据,科研人员成功获取了国际上精度最高的电子宇宙射线探测结果。

得益于卫星研制团队的精益求精与卓越工作,"悟空号"运行状态良好,关键科学数据仍在累积。2018年12月17日,卫星研制团队宣布"悟空号"将延长两年工作时间。

■ 十年磨一剑

长期以来,常进始终致力于空间天文探测技术和方法研究,先后参与了嫦娥工程一期、二期等项目的有效载荷研制,主导了暗物质粒子探测卫星的研制,在暗物质粒子空间探测、空间天文观测设备研制及数据分析等方面取得了一系列突破性进展。

常进是江苏泰兴一位普通的农家子弟。1992年从中国科学技术大学近代物理系研究生毕业后,他来到中国科学院紫金山天文台空间天文实验室工作。

1998年,常进和他的团队成员通过多年努力,研究出一种简单的方法,可以使普通的宇宙线探测器用来观测高能电子和伽马射线。之后,该方法被应用于美国南极长周期气球项目(advanced thinionization calorimeter,ATIC),并成功地发现高能宇宙电子能谱在300吉~800吉电子伏之间与理论模型相比高很多。研究表明,电子能谱在300吉~800吉电子伏能量区间的"超",很可能是人类第一次发现暗物质粒子湮灭的迹象。这一成果随后发表于2008年11月20日的《自然》期刊,获得世界的广泛关注。

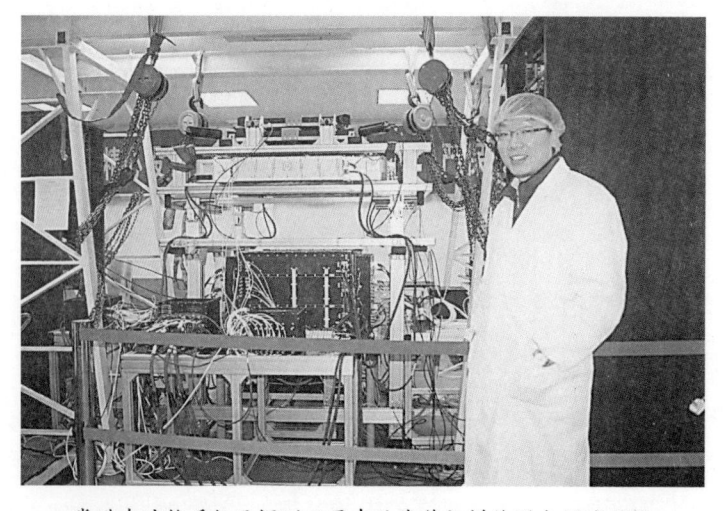

常进在暗物质粒子探测卫星有效载荷初样件联合调试现场

2011年底，暗物质粒子探测卫星正式立项，常进带领他的团队再一次扛起了重任。

常进领导的载荷研制团队在任务要求高、技术难度大、研制进度紧的情况下，突破了多项核心关键技术，成功完成了卫星载荷的研制任务。

2015年12月17日8时12分，我国首颗空间天文科学观测卫星——暗物质粒子探测卫星在酒泉卫星发射中心成功发射。经过3个月的在轨测试，探测器功能性能稳定，上下行指令均正确执行，星地链路通畅，完成了所有既定测试项目，卫星各项技术指标达到或超过预期。

暗物质粒子探测卫星在轨运行的前530天共采集了约28亿颗高能宇宙射线，其中包含约150万例25吉电子伏以上的电子宇宙射线。常进团队根据这些数据成功获取了目前国际上精度最高的太电子伏特电子宇宙射线探测结果，该成果于2017年12月发表于《自然》期刊。

暗物质粒子探测卫星作为空间科学先导专项的首星，创造性地采用了多探测器协同观测的探测新模式，借助合理的有效载荷配置、有效的探测工作模式、先进的科学探测指标及独特的数据处理技术，开创了我国空间高能粒子物理星载观测的新时代，打开了高能粒子探测、宇宙线起源研究、伽马空间天文研究的新窗口，迈出了中国科学院紫金山天文台"率先行动"创新、创新、再创新道路上的坚实一步。

2016年3月8日，工程总体组织专家对卫星在轨测试结果进行了评审，并给出了满分的评价。之后，卫星前期研究成果获得国家自然科学奖二等奖（排名第一）、江苏省科学技术奖一等奖（排名第一）。

■ 砥砺再奋进

在工作和生活中，常进本着党和人民的利益高于一切、为人民服务的宗旨，努力工作，积极贡献，从不计较个人得失。他时刻严格要求自己，在工作岗位上具有强烈的责任感和使命感，成为大家学习的楷模。

他每天坚持早上班、晚下班，不管是周末还是节假日，总能在办公室看到他的身影，"吃苦在前，享受在后""喊破嗓子不如做出样子"更成为他一贯的工作作风。

常进介绍暗物质粒子探测卫星情况

作为暗物质粒子探测卫星载荷研制团队的首席科学家，更作为一名优秀的共产党员，常进还培养了一支敢于创新、砥砺前行、以年轻党员为主体的科研团队。

项目成立之初，团队的核心成员只有 10 人。随着研制工作的持续深入，团队成员也在不断增加。截至 2018 年 6 月，载荷研制团队成员已经发展到 21 人，其中包括研究员 5 人、副研究员 8 人、助理研究员 8 人。如果再加上科学数据分析团队的 6 人，则团队总人数达到了 27 人。

尽管这支团队的成员来自不同专业，平均年龄不足 35 岁，但这样一群朝气蓬勃的年轻人在常进的带领下攻坚克难，众志成城，以扎实的工作作风全身心投入暗物质粒子探测卫星的研制中，将科研工作做实，体现了岗位建功、争创一流的创新精神，体现了和谐协作、团结奋进的优良作风，体现了刻苦钻研、开拓奋进的精神风貌，向党和国家交出了一份满意的答卷。

（撰文：陈红玲　胡一鸣）

致力能源探索 勇闯"地下空间"

——记中国科学院武汉岩土力学研究所研究员杨春和

杨春和

作为中国科学院武汉岩土力学研究所（以下简称武汉岩土所）自己培养出来的老一批研究生，杨春和身上有着老一辈科学家那种孜孜不倦、精益求精的科学精神。

30年来，杨春和始终奋战在科研及教学工作第一线，取得了突出成绩，受到同行和学生的高度评价，产生了较大的社会影响。

■ 少年壮志 青春无悔

杨春和出生于江西丰城一个普通的工人家庭。1982年大学毕业后，他以优异的成绩考入武汉岩土所攻读硕士学位。1986年，杨春和获工学硕士学位并留所工作，1995年受中国科学院留学基金资助赴美留学，1999年获美国内华达大学地质工程博士学位。

毕业后，杨春和选择回国，成为当时武汉岩土所派出的学成归国的第一位博士。回国后，杨春和以国家需求为己任，在研究所的支持下，迅速组建了自己的科研团队。

杨春和瞄准深部盐膏岩工程特性及综合利用研究，带领团队从零开始，自主研发高温高压盐岩流变科研设备，建立标准、培养人才、开展实验研究，用科学数据说话，从力学稳定性到渗透密闭性，提出了"中国层状盐岩不是弱面而是强面"的理论，突破了中国层状盐岩不能进行储库建设的屏障，开创了中国盐穴储气库建设的新时代，成为我国盐岩力学与盐岩地下油气储备工程研究的第一人。

2000年起，杨春和担任武汉岩土所研究员、创新课题组组长，历任科研处副处长、所长助理。2013年后担任武汉岩土所党委委员、岩石流变力学研究方向学术带头人、盐岩力学与盐岩地下油气储备工程研究的学术带头人。截至2018年12月，杨春和已培养硕士研究生14名、博士研究生56名、博士后7名，指导硕士研究生9名、博士研究生13名及博士后3名。

■ 科技报国　创新为民

随着中国能源需求的不断攀升，巨大的能源缺口严重制约了国家的战略发展目标。杨春和率领科研团队，利用已有采卤盐穴改建储气库的方法，创造性地提出了将金坛储气库作为优先建设的第一座储气库的建议，使我国第一座盐穴储气库"落户"金坛，在保障中国能源安全和油气储备安全建设中发挥了不可替代的作用。

杨春和还针对湖北云应盐矿的实际情况，提出了利用应云盐矿开展中部地区能源储存的建议，得到时任湖北省领导的批示，由湖北省发展和改革委员会立项开展前期研究。

杨春和以力学试验为基础，建立了考虑夹层复合层状盐岩蠕变本构模型，提出了"云应盐矿具备建设盐岩溶腔型储库的基本地质条件"的重要研究成果，使得西气东输二线的重要配套工程落户云应，为湖北省的地方经济发展做出了积极贡献。

2015年，金坛储气库发现微渗层，杨春和临危受命，提出利用盐岩重结晶对储气库进行封堵的办法，并开展了中石化金坛储气库关键微渗层的重结晶课题研究，最终成功解决了微渗层封堵难题，为中石化金坛储气库顺利实施提供了保障。

| 下篇 | "讲爱国奉献，当时代先锋"的践行者

杨春和在工作现场

2016年，金坛储气库出现一些畸形腔。畸形腔不符合设计几何形状，容易导致失稳和腔体垮漏，问题如不及时解决，将对国家财产造成极大威胁。

最终，杨春和经过科学研判，提出了利用天然气阻溶的办法，对畸形腔边溶边注气，完成了畸形腔修复，成功解决了因泄漏带来的重大能源安全问题。

■ 立足岗位　当好表率

作为一名党员，杨春和以老一辈科学家为榜样，把"论文"写在祖国的大地上，为科技创新事业和研究所的发展贡献着自己的力量。

近20年来，盐穴储库在武汉岩土所生根发芽，为西气东输一线、二线及川气东送工程提供了保障。杨春和培养了很多盐岩领域的领军人才，江苏金坛，湖北云梦、应城和潜江，河南平顶山……几乎中国所有盐岩地下储气库都留下了他的足迹。

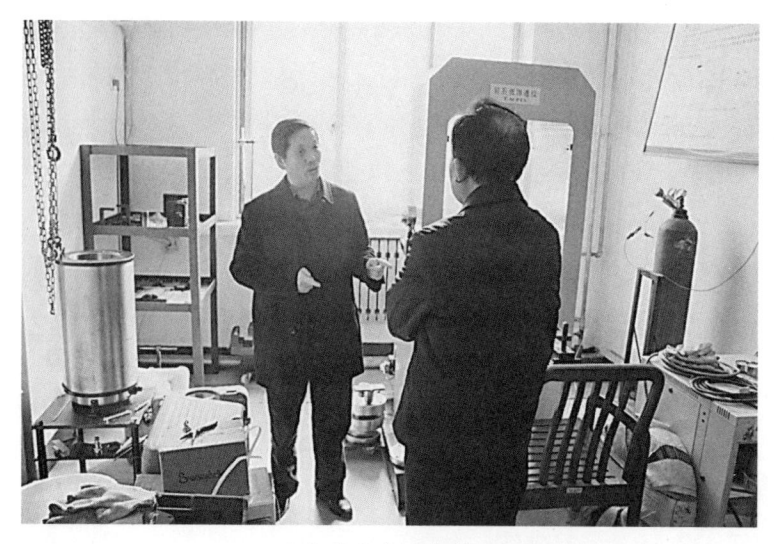

杨春和在工作中

　　杨春和是一名优秀的共产党员，也是一名热爱祖国、献身科研的优秀科学家。他先后荣获国家科学技术进步奖二等奖4项，省部级科学技术进步奖一等奖4项、二等奖3项；出版专著4部，发表相关研究论文300多篇；申请发明专利15项（授权11项），软件著作权登记13项，参编行业规范3部；是国家杰出青年基金获得者，国家973项目首席科学家，入选中国科学院"百人计划"；2005年荣获"湖北省有突出贡献的中青年专家"称号……这一连串的硕果与荣誉，是杨春和在科技报国之路上一步一个脚印的真实印迹。

（撰文：陈继荣　丁　隽　马洪岭）

不忘初心难解"钟"情
矢志不渝逐梦"北斗"

——记中国科学院武汉物理与数学研究所研究员梅刚华

梅刚华

人们平时所用的钟表，精度高的大约每年会有1分钟的误差，这对日常生活基本是没有影响的。

但在科学研究、国防战略等高精尖领域，对时间计量的要求必须精益求精。例如，我国自主研制的北斗卫星导航系统之所以能准确定位在米级范围内，靠的就是高精度的时间频率。

星载原子钟被誉为导航卫星的"心脏"，是北斗卫星导航系统的核心技术，它的性能直接决定卫星导航系统定位精度和授时准确度。

2018年，"北斗三号"系统组网卫星首次发射，此次为北斗卫星导航系统提供更优定位精度的，正是中国科学院武汉物理与数学研究所（以下简称武汉物数所）梅刚华团队研制的新一代高精度星载铷原子钟。

■ 难解北斗"钟"情

20世纪90年代初的海湾战争让中国意识到卫星导航技术的巨大作用。同时，卫星导航技术也可以服务于众多国民经济领域，带来巨大的经济利益。

我国在20世纪90年代制定了北斗卫星导航系统"三步走"发展战略。星载铷原子钟技术作为卫星导航系统的关键技术，当时仅被少数西方国家掌握，我国能否实现这项技术的突破，关乎北斗卫星导航系统建设的成败。在从国外引进星载铷原子钟遭拒后，要建成完全自主可控的卫星导航系统，中国只能靠自己。

1985年，从武汉大学物理系硕士毕业的梅刚华，来到中国科学院武汉物理研究所，在原子频标研究室从事原子钟研究。1997年，武汉物数所承担了国内第一个星载铷原子钟预研项目。在时任所长叶朝辉的支持下，梅刚华由科研处长改任原子频标研究室主任，并担任星载铷原子钟项目负责人。

从此，梅刚华与北斗卫星导航系统结下了不解"钟"情。多年后，梅刚华回忆起这段往事时还不禁感慨："好多老同志认为我不应该过来，当时比较年轻，当了研究室的副主任，而后当了科研处处长，是可以走另外一条发展道路的。但是我觉得我这个人还是应该走学术的路，觉得这是自己能够做的事。"

作为一名党员，梅刚华以国家利益为重，在国家需要的关键时刻挺身而出，急国家之所需。为了打破西方垄断，让我国拥有自己的高精度原子钟，他带领团队一头扎进了星载铷原子钟技术的研究中，一干就是20年。

■ 梅花香自苦寒来

彼时，我国的铷原子钟性能与美国相差两个数量级，但是在单元关键技术攻关中，梅刚华和他领导的团队没有一味跟跑，其目的是将来实现整体技术上的并跑甚至领跑。

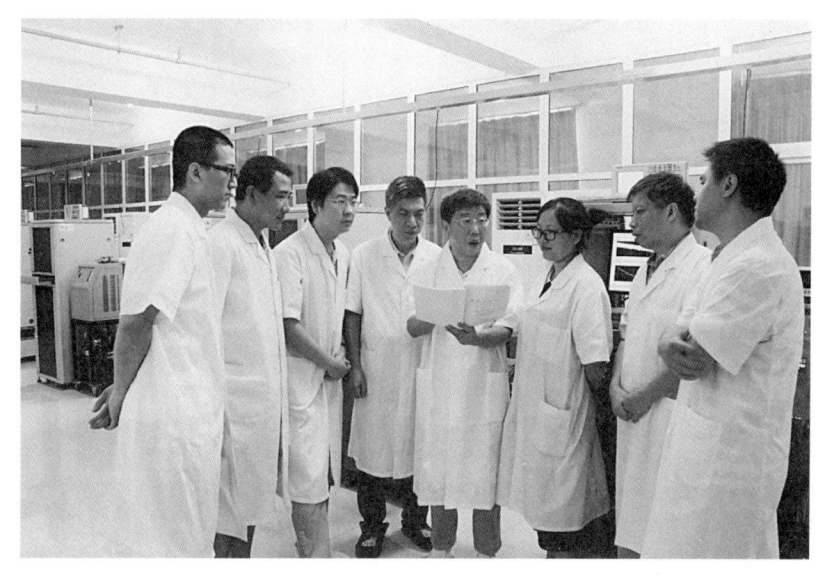

梅刚华及其研究团队

他们在上百次实验的基础上发明了一种新型微波腔，可以利用小体积原子气室激励出高强度原子信号，并成功申请了美国专利和中国专利。基于这种微波腔，团队设计了分离滤光的"三泡"式物理系统。这是一种全新的铷原子钟设计方案，对实现铷原子钟的高稳定度指标起到关键作用。

2007年，梅刚华团队开始批量生产正样产品。为了保证产品质量万无一失，他们不放过每个技术隐患。单是为了解决一个质量问题，他们就曾连续工作半年，最后按照"定位准确、机理清楚、措施有效、故障复现、举一反三"的要求完成了技术"归零"。

功夫不负有心人。终于，梅刚华团队研制的星载铷原子钟通过了卫星在轨飞行试验的严峻考验。梅刚华直言："当时压力特别大，头发一把一把地掉。" 2008年以后，梅刚华团队研制的星载铷原子钟产品批量用于"北斗二号"系统，为北斗卫星导航系统2012年提供区域服务发挥了关键作用。

随后，北斗工程进入"北斗三号"系统建设阶段。此时，美国全球定位系统星载铷原子钟精度指标又提高了一个量级，如何将近一个量级的差距补起来，使我国的星载铷原子钟达到国际并跑甚至领跑水平，成为摆在梅刚华团队面前的新任务。

梅刚华带领团队进行了更加深入、系统的技术攻关，进一步改善了原子信号的信噪比，降低了电路系统的噪声，减小了环境电磁场和温度变化影响，将铷原子钟精度提高到优于十亿分之一秒的水平，成为世界上精度最高的铷钟。

■ 矢志不渝逐梦一生

梅刚华团队研制的星载铷原子钟，指标大约每5年提高1个量级。他们用不到20年的时间，走完了美国人40多年走过的路，使我国的星载铷原子钟技术实现了从无到有、从有到强的"三部曲"跨越。

2015年，梅刚华领衔完成的"高性能星载铷原子钟原子信号增强与稳定关键技术"荣获国家技术发明奖二等奖。2016年，"北斗二号"卫星工程荣获国家科学技术进步奖特等奖。由于在突破北斗工程技术瓶颈——星载原子钟方面的贡献，武汉物数所成为获奖单位之一，梅刚华个人也获得嘉奖。2017年5月，梅刚华荣获首届"全国创新争先奖"。

成果不断，荣誉纷至沓来，但梅刚华不忘初心，继续演绎着他的北斗"钟"情。抬头望见北斗星，心中有梦便追逐一生。他用自己的一言一行深刻地影响和带动着身边的人。他为祖国科技事业呕心沥血、矢志奋斗的崇高品质和感人精神也激励着青年科研人员不断攀登科技高峰。

梅刚华荣获"全国创新争先奖"

梅刚华和他的团队始终以"让中国的北斗用上最好的钟"为执着追求的目标。现在，他们正在开展新的技术攻关，研制下一代甚高精度星载铷原子钟，争取在不久的将来把北斗卫星导航系统的定位精度再提高一大截，为建设科技强国做出新的更大贡献。

（撰文：罗 芳）

奉献一生　只为铸就珊瑚海

——记中国科学院南海海洋研究所
珊瑚生物学与珊瑚礁生态学学科组组长黄晖

黄晖

走进中国科学院南海海洋研究所（以下简称南海海洋所）实验楼5层，首先映入眼帘的是五彩缤纷的人工珊瑚礁生态缸和满墙的珊瑚鉴定照片，而这些都是珊瑚生物学与珊瑚礁生态学学科组珍藏的宝贝。

学科组组长黄晖是我国珊瑚礁生物生态学研究领域里当之无愧的领军人物。因为性格爽朗，且多年来与珊瑚为伴，大家都喜欢亲昵地叫她一声"珊瑚西施"。

■ 结下不解之缘

2002年,当黄晖第一次在西沙群岛潜水科考时,她亲眼见证了一个绚丽奇妙的海底世界——珊瑚礁"都市":形状各异的珊瑚丛像都市里的高楼、小巷,甚至是大广场;五颜六色的热带鱼穿梭其中;杂色龙虾、海鳗等生物在礁石洞穴里闲庭信步;绿海龟时而栖息,时而遨游。

这一幕深深震撼了黄晖:原来真正零距离地感受书本里描述的海底世界是如此的美好,如此令人叹为观止。正是这第一眼的"惊艳",让黄晖坚定了将珊瑚科研事业进行到底的信念。

黄晖与珊瑚的结缘,其实是有些偶然的。彼时,她刚刚从水产养殖专业硕士毕业,虽参加了工作却还没有明确研究方向。这时,南海海洋所一位领导向她推荐说:"我们所里有位邹教授一辈子研究珊瑚分类学,他那里正缺人手,你可以去试试。不过,一般人认为研究珊瑚分类比较枯燥,不太容易出成果,你要考虑好。"

这位邹教授名叫邹仁林,是我国著名的珊瑚分类与珊瑚礁生态学家,也是国内现代珊瑚生物学与珊瑚礁生态学的科研先驱。当时邹教授已近退休,一直想寻找年轻弟子传承珊瑚研究的衣钵,将珊瑚科研发扬光大。但苦于当年珊瑚分类研究还属冷门,许多年轻人不愿"坐冷板凳",因此一直寻徒无果。

黄晖在初步了解后,对珊瑚产生了喜爱之情,也感觉与邹教授十分投缘。她没有过多考虑研究成果的问题,就这样踏上了珊瑚研究之路。20年来,黄晖时不时会感叹自己很幸运,选择了一个自己喜欢的事业,并可以与其相伴一生。

黄晖查看小型珊瑚礁生态系统缸

深入研究现状

为摸清我国珊瑚礁分布情况，保护美丽的珊瑚礁，黄晖团队在老一辈科学家对南海珊瑚礁生态状况的调查研究基础上，在我国近海海洋综合调查与评价专项（908专项）和国家自然科学基金等重大项目的大力支持下，长期坚持开展野外珊瑚礁生态科考，足迹遍布福建、广东、广西沿海，海南岛、西沙群岛、中沙群岛、南沙群岛、东沙环礁等我国有珊瑚礁分布的海域。2006年，黄晖团队已较清晰地掌握了我国珊瑚礁的生态状况，在应对珊瑚礁生态研究与管理各种问题时能够"以数据说话"，为科研和决策指引正确方向。

围绕全球气候变化与环境压力对我国珊瑚礁的影响及其响应模式，黄晖及其团队开展了深入、系统的研究，提出了海南岛沿岸乃至我国沿海珊瑚覆盖率在近30年下降了80%以上，以及我国人类活动对珊瑚礁的影响远大于气候变化的结论，得到了国际同行的高度认可。黄晖团队还开展了珊瑚礁退化机制研究，发现我国造礁石珊瑚对不同环境压力的响应机理不同，呈现两种不同的响应模式。

面对全球范围内的珊瑚礁退化及我国珊瑚礁生态所面临的严峻挑战，黄晖提出人工修复受损珊瑚礁的宏大构想，并摸索出适合不同类型珊瑚礁恢复的技术方法，申请发明专利30多项；黄晖团队掌握了我国海域20多种常见造礁石珊瑚的有性繁殖过程，并在国内首次实现了人工幼体培育，为珊瑚礁人工修复打下了坚实基础。截至2017年，黄晖团队已在西沙群岛和南海南部建立了300亩[①]修复示范区，可培育珊瑚断枝4万株。

黄晖在西沙群岛珊瑚修复现场

---

① 1亩≈666.67米^2。

■ 积极建言献策

黄晖及其团队认为，珊瑚礁的恢复要遵循自然恢复优先的原则，即首先要去除造成退化的影响因素，让珊瑚礁生态系统弹性自我恢复。为此，她走上了积极推动政府主管部门加强珊瑚礁保护的建言献策之路。

黄晖积极参与国家和地方相关珊瑚礁保护与管理法律法规的制定。例如，她大力推动了《海南省珊瑚礁和砗磲保护规定》的制定和修订；推动了徐闻珊瑚礁自然保护区的建立和晋升国家级自然保护区，福建东山珊瑚礁省级自然保护区的科学调整；等等。

此外，她还多次单独或联合海洋环保公益组织在渔村、社区和学校等地举办宣教、论坛等活动；发起成立中国太平洋学会珊瑚礁分会，旨在广泛发动珊瑚礁生态科研机构、保护管理部门和社会组织形成合力，更深入、有效地推动珊瑚礁保护和科普教育。此外，作为我国濒危水生野生动植物种科学委员会委员，她长期为有关地方边防、海关、公安、渔政等部门提供保护类珊瑚的执法鉴定公益服务。

黄晖为赵述岛渔民及驻站人员举办珊瑚礁生态保护讲座

经过多年在珊瑚礁生态科研方面的不断耕耘，黄晖担任了国家多个部门的专家成员，在国家海洋环保顶层设计上不断建言献策，为国家珊瑚礁生态科研与保护管理政策添砖加瓦，为国家建设科技创新驱动型社会贡献了力量。

在2004年第十届世界珊瑚礁大会上，黄晖发现自己是中国（不含港澳台地区）唯一的参会代表。她内心感到无比失落，自此暗下决心要拓展国际学术交流，提高我国珊瑚礁研究的水平和地位。之后，黄晖先后多次前往澳大利亚、美国等顶尖珊瑚礁科研机构学习交流。通过不懈努力，她与澳大利亚、美国等多地珊瑚礁科研界精英建立了长期和深入的合作交流关系。

黄晖还多次带领团队参加国际会议，选派学生出国学习，邀请国外学者到团队访问指导。这些交流活动在很大程度上促进了我国珊瑚礁生态科研的整体水平，推动了我国珊瑚礁生态科研成果在国际海洋环境保护决策过程中发挥作用。

■ 全力奉献科研

由于科研任务重，周末加班是常事，但黄晖仍然挤出时间培养指导研究生。

硕士研究生张芳清楚地记得，她准备开题答辩时，正值团队去西沙群岛进行科考和采集样品之际。于是，黄晖就在结束一天的潜水工作后审阅张芳的开题报告稿并提出修改建议。

"黄晖老师当天已经潜水两次，本来就很累了，但还是把我叫过去谈开题报告的事情。她并不是粗略地看一下，而是仔细地阅读，甚至连标点符号都进行了修改。"这个事情深深地影响了张芳等学生，激励着他们认真做科研。

黄晖对团队成员十分关心，对要去潜水考察的人员都反复强调出海注意安全、别太累，而她自己却是连轴转地高强度工作着。学生看到后都心疼地问："黄老师，您不累吗？"黄晖总是微笑着说："没有办法啊，科研就是这么辛苦。"

黄晖鉴定珊瑚

由于年龄的增长，黄晖的体能大不如前，每个出海航次后都会出现潜水后遗症——头疼或呕吐。即使这样，黄晖仍每年坚持出海考察2~3次。前些年，出海考察的条件十分艰苦，黄晖就和男科考队员一样吃住在木质渔船上，但黄晖从没有抱怨过什么，总是享受着珊瑚带给她的那份快乐。

悠悠珊瑚研究20余载，南海珊瑚礁区遍洒了黄晖激昂的青春，也让她饱尝"珊瑚之路"的五味杂陈。黄晖深知，这是一条具有挑战的海洋科学研究之路，也是一条充满希望的生态保护之路，她愿将珊瑚科研推向更远、更深处。

"长风破浪会有时，直挂云帆济沧海。"为了让子孙后代也能享有珊瑚海的美丽富饶，黄晖和她的团队在不懈努力着。这是海洋资源永续之策，是祖国海洋生态文明建设步履之前哨，是国家南海战略新征程的耀眼之光。

（撰文：雷新明　孙有方）

扎根在大山里的"真扶贫"

——记中国科学院亚热带农业生态研究所研究员曾馥平

曾馥平

1994年,他受委派赴国家级贫困县——广西河池环江毛南族自治县(以下简称环江县)从事科技扶贫工作。连他自己都没有想到,这一"扶"就是整整24个春秋。当年那个风华正茂的小伙子,如今已越天命之年,双鬓也已染上了霜花。

他就是中国科学院亚热带农业生态研究所(以下简称亚热带生态所)研究员,中国科学院环江喀斯特农业生态试验站副站长,广西环江毛南族自治县县委常委、科技副县长(挂职),当地百姓口中的"真扶贫"——曾馥平。

■ 扶贫先扶智

1964年8月,曾馥平出生于湖北省天门市。1987年7月自南京林业大学毕业后,他被分配到亚热带生态所工作。

1994年，当得知将被选派到环江县开展科技扶贫工作时，曾馥平心里颇为忐忑。一方面，他不想离开家人前往一个完全陌生的地方工作；另一方面，他想用自己的才干去闯荡一番，干出一番属于自己的事业。

几经考虑后，曾馥平决定先到环江县看一看。当年7月，来到环江县木论乡顶吉村调研的曾馥平惊呆了：这里四面环山，难觅平地，农作物种在石缝里，人均收入不到300元。也就是在这时，曾馥平终于下定决心，要留下来为改变这里贡献自己的一份力量。

本着一份热爱和责任，曾馥平白天头顶烈日，翻山越岭、跋山涉水考察取材；晚上伏案整理资料，分析信息、归纳总结。

为积累异地搬迁扶贫经验，曾馥平积极牵线搭桥，促成亚热带生态所、广西壮族自治区科学技术厅、广西壮族自治区扶贫开发办公室与环江县人民政府共同协作，在环江县思恩镇肯福地区一带建立了一个占地约4000亩的科技扶贫示范区（肯福科技扶贫示范区）。经过两年的精心准备，1996年9月，环江县上南、下南、木论、龙岩4个贫困大石山区的97户513名移民搬进了肯福科技扶贫示范区。

与此同时，曾馥平还构建了"科技单位+公司+示范基地+农户"的企业化科技扶贫创新机制，和同事一起在精准扶贫道路上，围绕石漠化治理和岩溶山区生态系统恢复与重建开启了新的征程。

实践证明，实验区的路走对了。短短一年多时间，肯福科技扶贫示范区人均纯收入达到1220元，基本解决了温饱问题；到1998年底，肯福科技扶贫示范区4000亩土地得到合理开发利用，形成了以水果、蔬菜等拳头产品为主的产业体系。2018年，肯福100%的农户住上了楼房，全部用上了自来水，95%的农户建了沼气池，2018年人均纯收入达12180元，高于环江县和河池市的平均水平。

肯福科技扶贫示范区的成效也得到了中央领导、部委及社会各界的肯定，继而为肯福科技扶贫示范区实施40万环境移民提供了示范样板和技术支撑。曾馥平更被当地百姓亲切地称为"真扶贫"。

▆ 科研结硕果

多年来，曾馥平利用环江县得天独厚的条件开展了一系列科学研究工作，取得了较大成就。

他先后主持和参与国家科技攻关、中国科学院重点项目和广西壮族自治区科技攻关项目等 29 项，发表学术论文 150 多篇，参与编写专著 5 部，授权发明专利 4 项，培养研究生 30 多名。

1996 年，曾馥平主持编写的《河池地区广东帮扶异地安置主导产业可行性研究报告》通过广西壮族自治区评估论证，为河池市顺利实施 20 万环境移民提供了依据。

除此之外，曾馥平还参与创立了三方共建、对外开放的建站模式，促使环江生态站的建设步入快车道，并使其成为我国首个国家级喀斯特农业生态系统观测研究站和西南喀斯特区域唯一的国家野外研究试验台站。

依托生态研究站的技术支撑，曾馥平促成了一大批国家、中国科学院和广西重大项目在环江县的启动实施，有力地带动了当地的生态环境建设和精准扶贫，同时为西南喀斯特地区生态环境建设提供了示范样板和技术依托。

这些项目的实施也使项目区内的生态产业、扶贫产业得到了发展和提升，农民收入显著提高，生态环境得到改善。数据显示，项目区森林覆盖率提高 18.7%，植被覆盖率提高 26.3%，土地侵蚀减少 14.6%，地表径流减少 8.2%。实施农村新能源——沼气建设后，农民人均薪炭林砍伐量减少 78.9%，森林生产增加 24.6%，由此减少土地侵蚀 23.8%、地表径流 13.4%，取得了显著的生态经济效益。

曾馥平在工作中

曾馥平以自己的才干和敬业精神获得了很多荣誉:"全国扶贫开发先进个人""全国扶贫贡献奖""中国科学院创新文化先进个人",并获得广西壮族自治区科学技术进步奖二等奖等多项省部级科技奖项。

(撰文:陈　冲)

投身到卫星导航事业中去

——记中国科学院国家授时中心副主任卢晓春

2017年9月，由中国科学院国家授时中心（以下简称国家授时中心）作为主要承研单位的转发式卫星导航试验系统第二阶段研制建设任务顺利通过验收测试。

测试中，定位测速授时（positioning velocity and timing，PVT）作为转发式系统核心能力的集中体现，定位精度优于8米，测速精度优于0.2米/秒，授时精度优于4纳秒，超越了通用卫星导航系统。

转发式项目的成功，离不开国家授时中心副主任卢晓春的坚持。20年来，卢晓春的人生舞台被我国卫星导航事业定格。我国卫星导航事业的发展里程展示了她丈量世界的脚步，也承载着她全部的梦想和心灵的航程。

■ 科研事业磨平青春棱角

陕北豪迈豁达的风土人情，让卢晓春透着一股"倔"劲儿。但她的这种"倔"，是对事业的执着，是对工作的认真，是面对困难时的不服输。

在转发式卫星导航试验系统第二阶段验收测试的日子里，在国家授时中心西安场区，时常能看见卢晓春干练的身影。她一会儿调配着来来去去的科研人员，一会儿又爬低上高地检查着各类天线设备。

"搞科研是必然，做卫星导航却是偶然。"回顾自己的科研之路，卢晓春这样表示。

卢晓春喜欢科研工作，不然也不会从高校毅然来到国家授时中心——这个距离西安市30千米、待遇和条件均相对一般的研究所工作。她经常说："一个科研人员，科研是本分，但只有做满足国家需求的科研工作，才能让自己充满前进的动力。"

卢晓春带领团队调试设备

对于进入卫星导航领域的画面,她记忆犹新。那是 2002 年,中国科学院院士艾国祥创新性地提出了"中国区域定位系统"(China area positioning system, CAPS)项目。该项目经中国科学院批准列为院知识创新工程重大项目,同时列入 863 计划,得到科学技术部和国家有关部委的支持,并由国家授时中心和中国科学院国家天文台联合研究。

作为国家授时中心当时为数不多的博士研究生,被安排进入项目组时,卢晓春内心说不上是紧张、忐忑还是激动。

顾不上仔细考虑,卢晓春毅然放弃原来的研究方向,全身心地投入 CAPS 项目中来。32 岁的天之骄女,光环正亮,但项目组领导刚开始分配给她的任务却是记录数据、维护设备等琐碎的工作。国家授时中心老一辈科研人员带着她一块干。"国家授时中心的人不善言辞,却像老黄牛一样教会了我什么叫态度。"

在 CAPS 项目中夜以继日地付出,消耗了卢晓春的芳华,磨平了她青春的棱角,却拉近了她与卫星导航事业的距离。"渐渐觉得它成为我生命的一部分。当科研成为习惯时,有时出差回到实验室,反倒有一份久违的亲切。"

从一名博士研究生到科研骨干,经常忙到半夜的工作节奏让卢晓春一度很难适应。但面对一项项科研攻关任务、一个个技术难题,她不敢有丝毫懈怠。就这样,她一干就是 8 年。

2005年，卢晓春提出了CAPS的载波相位定位方法，以期提高定位精度。虽然这个方法受到了国内专家的质疑，但她不为所动，带领团队历经10年矢志研究探索。该方法已成功应用于转发式卫星导航试验系统。

2017年测试结果表明，虚拟钟星载钟秒级稳定度达到1E-15，定位精度0.29米，定时精度0.34纳秒，这是迄今世界卫星导航领域单频载波相位能够达到的最高精度。基于国际电信联盟公布的新导航频段，团队将开展此项技术的验证与应用示范工作，其有望成为我国乃至国际上的导航应用新模式。

2009年，当CAPS项目通过验收时，卢晓春也从一名普通科研人员转变为CAPS项目导航组副组长、中国科学院精密导航定位与定时技术重点实验室主任。这一年，她还不到40岁。

卢晓春向中国工程院院士魏子卿介绍北斗空间信号质量评估成果

■ 汗水浇灌成长的足迹

自到国家授时中心以来，卢晓春先后担任课题组长、研究室主任、研究所副主任。用她的话说："科研工作让我拓展了视野，磨砺了胆性，锤炼了技能。"

成长之门开启于2010年那个喧闹的夏天。作为CAPS项目的延伸，转发式试验系统正式启动，卢晓春被任命为系统副总师。40岁的她开始大显身手。

事必躬亲是她的标签。作为副总师，很多工作卢晓春本无须亲力亲为，可她却始终痴情于导航这片广阔的"天空"。只要没有行政工作，她就常常一个人穿梭在建设中的试验场区，对着说明书一项项熟悉设备。

"带着大家一起干，看着一个个难题被攻克，感觉美滋滋的。"回忆起那单纯而充实的日子，她如同穿过诗意的岁月，重显青春的朝气。

"有种陕西人的'痴'劲。"国家授时中心原主任郭际研究员这样评价他的弟子，"为了一个数据，她两天两夜在实验室跟踪卫星参数，累了就和衣躺一会，还不忘定个闹铃。"

转发式卫星导航系统是一个创新性的区域卫星导航试验系统，具备独立的导航、定位、授时、通信等能力，是一个卫星导航天地综合试验平台。作为项目副总师，卢晓春的每一小步都牵动着国家授时中心转发式卫星导航项目的神经。

卢晓春把责任化为行动，白天组织科研人员研讨技术方案，提出解决建议；深夜伴着月光啃书籍、做笔记。几年下来，整个系统早已烂熟于心，几缕银丝却爬上了她的鬓角。

工作中她是铁人，没日没夜。没时间休息，没时间照顾尚在读小学的孩子，孩子住院期间，她一边陪孩子打吊瓶，一边抓紧时间写文件。

卢晓春和专家一起排查设备故障

工作中她是勇士，不畏艰险，始终在第一线。忙碌中，她从10多米高的塔基上滚落下来，却顾不上检查。她匆匆赶回中心参加会议，直到实在疼痛难忍，才到医院看病。

工作中她是战士，始终站在一线。在轨测试期间，卢晓春担任现场测试负责人。当系统出现故障时，她仔细排查问题，在对接的关键时刻排除了故障。

多少次，她临时放弃与家人定好的出游计划，独自收拾行囊赶往试验场地；多少次，她紧急离开睡梦中的孩子，义无反顾地踏上工作征程……那既是对工作无尽的热爱，也是对家人深深的愧疚。

"没有办法，做科研的对家里亏欠太多。"她平静的笑意下有几分无奈。

■ 前进中担起领航重任

从2010年开始，转发式卫星导航系统成为卢晓春"生命中的依托"。终南山脚下的国家授时中心西安试验场区，天线依次排开，它的格局、它的气魄、它的雄浑和壮美，都恰如其分地装饰了卢晓春的生命。

角色依旧，但是年岁和阅历却让她承担了更大的责任。作为系统副总师，卢晓春负责导航信号分系统、时间频率分系统、测定轨分系统的方案设计，以及工程实施、系统集成与联调测试工作。54亿元的总投资、30多家合作单位、50多项关键技术、150多名参与人员、300多份技术文件……重担在肩，她殚精竭虑；岁月荏苒，却越发从容。

在卢晓春的带领下，转发式卫星导航系统于2014年在国内首次开展了北斗高精度广域实时增强服务应用试验，将北斗定位结果从10米以上提高到5分米；在她的推动下，国家授时中心系统开展了北斗新一代卫星导航信号体制和星间链路试验，对确立北斗全球系统核心体制起了至关重要的作用；在她的谋划下，国家授时中心系统建设了中国科学院研制的I1S卫星地面支持系统，为中国科学院卫星成功研制和在轨测试与试验做出了重要贡献。

全球卫星导航系统（global navigation satellite system，GNSS）空间信号质量监测与评估，是国际研究的热点和难点，国际上只有美国斯坦福大学和德国宇航局有针对性的研究。北斗卫星导航系统的导航信号能否满足用户要求，是卫星组网运行面临的重大技术问题。

从 2008 年开始，卢晓春便带领团队开始了北斗空间信号质量体系研究和系统建设工作。2014 年，研究团队在陕西洛南建设了国际上第一个专用于空间信号质量评估的 40 米口径的天线和监测评估系统，针对北斗新一代在轨试验全部卫星的信号质量进行了全面、准确的分析，成为时刻关注导航信号优劣的一双"慧眼"，被认为是北斗全球系统方案和技术要求制定的重要依据。

卢晓春主持首届国际空间信号质量分析技术研讨会

卢晓春并没有海外留学经历，她经常调侃自己是科研工作的"土八路"。但依靠中国科学院高质量的人才培养模式，她成为我国北斗卫星导航国际合作中运筹帷幄、挥斥方遒的领军人物。

在担任中国卫星导航系统管理办公室国际合作中心副主任期间，她主要负责北斗在联合国全球卫星导航系统国际委员会（international committee on global navigation satellite systems，ICG）、各卫星导航国际学术会议等多边平台及兼容互操作协调双边平台的国际工作。她牵头带领国内专家，代表我国北斗系统在国际舞台上与美国全球定位系统（global positioning system，GPS）、俄罗斯格洛纳斯系统（golbal navigation satellite system，GLONASS）、欧盟伽利略系统（Galileo satellite navigation system，GALILEO）、印度区域卫星导航系统（Indian regional navigation satellite system，IRNSS/NavIC）及日本的准天顶卫星系统（quasi-zenith satellite system，QZSS）系统等供应商和相关国际组织等开展协调，为中国北斗争取国际舞台上的话语权、主动权、主导权。

2015 年，在我国最晚加入 ICG 且 ICG 各工作组联合主席职位尽数被瓜分的被动局面下，在卢晓春的精心布局和缜密谋划下，经过与美国 7 次协调、与俄罗斯 3 次协调、与欧盟 2 次协调，在 11 月的 ICG 大会上，我国获得了联合主席的席位，实现了北斗在 ICG 中主席席位的零突破。

卢晓春经常说："来到国家授时中心的那一刻，就知道走上了一条无法回头的路，满足了国家需求，暖热了仪器设备，却失去太多人间温情，就这么走吧，对我而言，科研就是我的生命。"这一刻，我们看到一颗柔软的心和一份真挚的情。

那是剑胆琴心，也是侠骨柔情。

（撰文：白浩然）

戈壁盐湖献青春　执着忠诚结硕果

——记中国科学院青海盐湖研究所研究员王敏

柴达木盆地是世界第三大、中国第一大盐湖地区，蕴含着极其丰富的钠、镁、锂、钾等矿产元素。但由于我国始终没有掌握分离提取技术，因此直到20世纪末，不少矿产元素市场仍一直被国外垄断。在关键的攻坚时刻，一群年轻人深入柴达木盆地，默默耕耘、无私奉献。

中国科学院青海盐湖研究所（以下简称青海盐湖所）研究员王敏就是其中一员。30年来，她始终从事盐湖资源综合开发利用及产业化研究工作，用热爱演绎了柴达木盆地的盐湖资源研发，用坚持完成了东台吉乃尔湖畔盐湖企业的兴建，用执着实现了碧波万顷的千吨级盐湖提锂项目的达产。

■ 无怨无悔盐湖梦

时间回溯到30多年前。1986年初夏，王敏在选择就业志愿时，将5个志愿全都填写为青海盐湖所。此举使她成为全校轰动一时的焦点人物，并受到学校和北京市的表扬。

凭着对专业的高度热爱和对梦想事业的执着追求，王敏来到了青海盐湖所。也就是从这一刻开始，她对柴达木盆地盐湖资源开发利用产生了割舍不下的情感。

1998年，王敏加入青海盐湖所盐湖提锂团队，积极投入从高镁锂比盐湖卤水中提取锂资源这一世界性难题的攻关之中。2001年10月，国家发展计划委员会批准"青海盐湖提锂及资源综合利用"国家高技术产业化示范工程项目在东台吉乃尔盐湖开工，王敏自此开始了自己的野外工作生涯。

王敏在东台盐湖

"天上无飞鸟,地下不长草,一日有四季,风吹盐沙跑",这是人们对柴达木盆地地理气候环境的概括和总结。从踏上东台盐湖的那一刻起,王敏就知道自己将注定与这里的沙漠、盐碱和黄土为伴。

在恶劣的气候环境和艰苦的生活条件下,王敏忍受着风吹日晒、孤独寂寞,以严谨的科学态度默默无闻地工作,一干就是10多年。她和团队成员无视环境的恶劣,远离亲人和家庭,长期坚守在自己的工作岗位上,独自品味着戈壁的荒凉和凄美。

在经过8年的艰苦努力后,项目终于在2007年底全面建成投产。整个碳酸锂提取工艺的完成,标志着青海在高镁锂比盐湖提锂和盐湖资源综合利用产业化方面走在了世界前列。王敏和同事们为此真正感受到了人生的价值、团队的力量及坚守的意义。

结束在东台盐湖的野外生活后,王敏开始将科研的重心转移到紧密结合地方资源与开拓创新上,尤其是她开展的盐湖丰产元素能源材料研究与开发工作,为产业化生产提供了充足的技术基础。近5年来,王敏申请、主持多个项目,承担国家科学技术部、中国科学院、地方科学技术厅及企业研究课题10多项,争取到科研经费共计数千万元。

2007年10月18日，王敏和同事在碳酸锂产品下线现场

■ 言传身教树榜样

30多年来，王敏不断超越自我，以严肃认真、深入细致、脚踏实地、求真务实、攻坚克难的精神，征服了青藏高原上柴达木盆地的戈壁荒滩，取得了一系列骄人的业绩。

于科研人员这一身份之外，王敏同时还担任青海盐湖所盐湖资源化学实验室党支部的支部书记。一直以来，王敏政治立场坚定，严格遵守"爱岗敬业、诚实守信、奉献社会、廉洁自律"的高尚科研道德，在盐湖资源综合开发利用中，充分发挥模范带头作用，多次被评为"优秀共产党员"。

工作中，王敏不忘鼓励年轻人。在研究生的入学培训和入党积极分子培训中，她经常呼吁年轻人要守住本心，要坚定自己的理想和信念。她常说，我们所拥有的任何观念都是自我情感的凝聚，如果相信它，那么一个普通的观念就会升华为信念，坚定、正确的理想和信念看似无形，却会影响我们的一生。

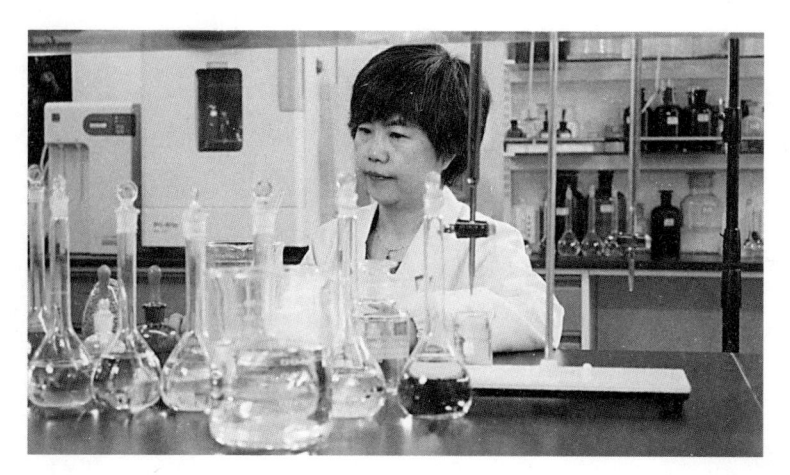

王敏在工作中

　　王敏也经常对年轻同事和研究生讲起她那悠悠的"盐湖梦",抒发难舍的"盐湖情"。大家都听得饶有兴致。在王敏看来,最好的教育莫过于引领学生们积极前行,教会他们执着坚守,鼓舞他们找准人生坐标。

　　王敏是幸运的,她所做的工作得到了组织和同志们的认可。2019年1月21日,中国科学院召开"讲爱国奉献、当时代先锋——2018中国科学院年度人物及团队发布会",6位个人、2个团队获此殊荣,其中就有王敏的身影。

　　泰戈尔曾经说:"信念是鸟,它在黎明仍然黑暗之际,感觉到了光明,唱出了歌。"王敏用自己的努力,在戈壁盐湖唱出了一首属于自己的信念之歌。

（撰文：白　花）

扎根高原三十年　毕生书写"浆果情"

——记中国科学院西北高原生物研究所研究员索有瑞

索有瑞在办公室

"浆果情"是中国科学院西北高原生物研究所（以下简称西北高原所）研究员索有瑞的网名。从这个小小的昵称中，不难看出他对家乡的热爱及对浆果研究的情有独钟。

2019年1月16日，索有瑞不幸因病去世，终年59岁。他的去世，不仅是西北高原所的巨大损失，更是青海省科技界的巨大损失。

索有瑞将毕生精力都奉献给了他所挚爱的科研事业。扎根高原30多年，他勤勤恳恳、兢兢业业、脚踏实地、敢为人先，将科技带动生产力放在科研工作的第一位，以青海地方需求和发展地方经济为己任，围绕天然药物化学、生物分析化学、青藏高原特色生物资源可持续利用、传统藏药现代化改造和特色保健食品开发等方面开展了大量深入的研究工作。

■ 情牵浆果

白刺、沙棘、枸杞、黑果枸杞……这些都是青海的特色浆果。每到秋天，酸溜溜的沙棘果，总会让索有瑞回想起儿时记忆深处的味道。

20世纪90年代中期，索有瑞在柴达木盆地考察时发现两个有趣的现象：一是牧民吃了加有白刺果汁的酸奶后血糖降得特别快；二是当地蒙古族牧民秋天将白刺果采摘晒干后，来年春天喂给下羔的母羊，羊羔成活率高。

这引起了索有瑞的重视。他通过研究证实了白刺果的药用价值，此后又组织科研团队对沙棘、树莓、茶藨子、柴达木白刺、枸杞和黑果枸杞等展开重点研究，没想到这一干就是30多年。

索有瑞在柴达木盆地考察白刺资源

索有瑞团队先后发展了浆果采集技术、果汁分离技术、果汁低温浓缩技术，以及浆果黄酮、生物碱、多糖、原花青素、色素、蛋白等的提取、分离、纯化技术，解决了规模化利用高原浆果资源的技术难题。

在30多年的科研生涯中，索有瑞出版专著3部，发表论文410篇。申请国家发明专利182件，其中授权发明专利66件、授权实用新型专利3件；128件专利通过相关企业应用于实际生产，专利实施率达70.3%。

这些专著、论文和专利涉及生物资源化学、生物分析化学、生物活性评价、技术与新产品开发等方方面面，为青藏高原生物资源开发利用奠定了理论基础和技术支撑，对科学界、企业界和政府部门了解青藏高原特色生物资源，对青海省招商引资，产生了极深刻的影响。

此外，在科研团队建设与人才培养方面，索有瑞组建了一支青藏高原特色生物资源研究与开发的优秀科研团队，团队近50项成果成功应用于实际生产，转化率高达86.2%，对青海省生物特色产业的发展和壮大产生了积极的引领与推进作用，得到了国家和地方政府的高度评价。

索有瑞还为青藏高原科学研究领域吸引中国科学院"百人计划"入选者3名、博士后4名；团队培养研究生80多名，其中18名博士研究生留青工作、11名晋升为高级职称。这些人才成为青海生物资源研究与开发的主力军。

■ 心系家乡

作为一名青海本土培养的科学家，心系家乡资源开发和经济建设的索有瑞，发起成立了"青海生态经济林浆果产学研创新联盟"，并任首席科学家和技术委员会主任。

他集中精力开发沙棘、白刺、枸杞、黑果枸杞、树莓、直穗小檗等浆果资源，形成了青藏高原特色生物资源高值化利用的技术群和产业链；推动了青海120万亩天然生态经济林保护与人工林建设工程开展，使其成为推动青海"生态立省"和特色生物产业快速发展的示范工程，成为青海省科技成果集成转化的新模式和典范。

截至2018年12月，索有瑞及其团队利用青藏高原特色生物资源开发出高附加值产品共七大类70多个，其中国家新药1个、国家保健食品8个、系列化妆品14个、功能性特色产品27个、药品和食品中间体产品15个、饲料产品3个、其他产品5个。这些成果直接支撑了合作企业的生物产业，形成了规模化生产。

索有瑞荣获 2017 年度青海省科学技术重大贡献奖

正如索有瑞在青海省科学技术奖励大会上讲到的："生物产业的兴起让家乡那些不起眼的小浆果成为宝贵资源，相信只要借助科学的利器，青海的特色资源和比较优势也能转化为现实生产力。生态经济林的恢复重建与规模化种植，必将让荒漠变绿洲、荒山变青山，成为产业升级、农牧民脱贫致富的金山银山。"

斯人已逝，其德仍存。索有瑞在平凡的工作岗位上做出了不平凡的业绩，将毕生都奉献给了青藏高原，奉献给了自己心系的家乡。这是科技报国、教书育人的真正标杆，是践行科学发展观的时代典范，是新时期中国特色社会主义建设的优秀代表，是广大科技工作者学习的楷模。

（撰文：王洪伦　胡　娜　钟海民）

沙窝窝里走出来的科学大家

——记中国科学院西北生态环境资源研究院研究员李新荣

中国科学院西北生态环境资源研究院（以下简称西北研究院）有一支研究团队，他们不忘初心，始终扎根西北沙坡头，为西北地区的生态文明建设默默地做着贡献。

这个团队的负责人，就是有着"沙坡头新掌门人"之称的李新荣。

■ 沙坡头的新掌门人

1987年夏天，大学毕业的李新荣来到中国科学院兰州沙漠研究所报到，并于1989年考取了在职研究生，从此与沙漠结下了不解之缘。

李新荣在毛乌素沙漠考察

1990年，李新荣被国家教育委员会公派至苏联留学。经过5年的努力，他获得莫斯科大学生物系植物地理与生态学专业博士学位。7年后，李新荣博士后出站，他放弃了在北京工作的机会，毅然回到中国科学院兰州沙漠研究所，回到了以"草方格"治沙闻名于世的沙坡头站。

一块块由纤弱的麦草组成的"草方格"成功阻止了桀骜不驯的腾格里沙漠入侵，也成为李新荣魂牵梦绕的地方。"草方格"让李新荣放弃了外界优厚的生活待遇和舒适的工作条件，扎根在沙坡头站一晃就是20多年。

从1998年起，李新荣开始担任沙坡头站站长。最初，他感到肩上的担子沉甸甸的，因为前辈们已经取得了巨大的成就和荣誉。但李新荣清醒地认识到，沙坡头站虽然名声在外，但科研条件并不太好，基础研究相对薄弱。他说，我们不可能一辈子吃老祖宗的饭，前人栽树、后人乘凉，现在我们也要栽树，给后人留下一片阴凉。

■ 科研路上的开拓者

李新荣带领团队在面向国家战略需求的同时，不忘把握最新科研动态，对腾格里沙漠、阿拉善高原及鄂尔多斯高原一带进行了长期和系统的野外考察研究，逐步确立了以干旱区水量平衡与生态水文、植被动态与恢复生态、生物土壤结皮与土壤生态、植物胁迫生理、沙害综合治理与生态工程建设为主的研究方向。

李新荣在野外考察

他不断学习，始终把握本学科研究前沿，转化思想、勇于创新、注重应用。近年来，生物土壤结皮人工培养拓殖技术试验研究俨然成为沙坡头站科研的又一大亮点。该技术大大缩短了生物固沙结皮形成的时间，具有良好的应用前景。

李新荣在学术研究上坚持试验验证，带领和指导团队通过野外科学考察和试验获得第一手科研资料。他鼓励团队成员拓展思路、积极探索，要善于发现、敢于质疑，同时告诫大家忍耐寂寞、宽容失败。

他提出了沙化草地恢复的理论假说，论证了沙漠化过程中植被的时空替代规律，揭示了干旱沙区土壤水循环的植被调控机理，理论回答了降水少于200毫米的沙区能否通过人工促进生态恢复的重大科学问题，系统研究了生物土壤结皮在荒漠生态系统中的生态水文功能，并开展了生物土壤结皮人工培养拓殖技术试验研究，填补了国内相关研究的空白。

■ 最美野外科技工作者

作为一名有着近20年党龄的党员和基层党支部书记，李新荣工作严谨，强调团队协作精神，勇当先锋，尤其是在承担国家重大科研项目时，充分发挥了党员先锋模范作用。

李新荣在南美沙漠考察

作为一名沙漠科技工作者,他秉承刻苦钻研、求实创新的科学精神,以服务国家重大战略需求为己任。他的成果不仅发表在学术期刊上,也清晰地写在了广袤的大地上,表现出当代沙漠科技工作者不畏艰苦、顽强奋进的创新精神,是当之无愧的"最美野外科技工作者"。

无悔的付出也结出了丰硕的科研成果。近年来,李新荣发表论文 300 多篇,其中 SCI 收录论文 150 多篇,被 SCI 引用 3000 多次,出版专著 6 部,获发明专利 4 件。

■ 团结奋进的建设团队

科研之路,往往是一条寂寞枯燥的漫漫长路。是什么力量支撑着李新荣和团队像"草根"一样扎在黄沙里?李新荣自己认为,很重要的一点就是沙坡头站建站 60 多年来,一代又一代沙坡头人团结协作,特别能吃苦、特别讲奉献、特别能战斗的"沙坡头精神"一直鼓舞着他们。

在紧抓科研的同时,李新荣也很注重团队文化建设。他说:"野外台站的工作作风和西北风一样,凛冽而又粗犷,但科研工作单打独斗的时代已经过去,我们要在大协作中强调细腻的组织。"

他教导年轻人,团队中各个人的能力和分工不同,必然有走得快的也有走得慢的,但无论快慢,大家都在"成功的路上"。

李新荣指导研究生实验

"大漠创辉煌，治沙建功勋。"在李新荣的带领下，沙坡头站多次被中国科学院授予"优秀野外站"荣誉称号，成为科学技术部首批国家重点野外台站试点站。团队还先后获得"全国防沙治沙先进集体"、中国科学院"野外工作先进集体"、中国科学院"双文明建设先进集体"、中国科学院创新文化建设"先进团队"等荣誉，并连续3次获得中国科学技术协会授予的"全国科普教育基地"称号。

严谨的治学态度和勤奋忘我的精神成为该团队扎根沙漠、甘于奉献的支柱与灵魂。科学探索永无止境，未来，李新荣和他的团队将一如既往，不忘初心，面向国家需求，推进生态文明建设。

（撰文：曹　霞　郭轶瑞　王　焱）

乐观的化学"催化师"

——记中国科学技术大学化学与材料科学学院教授熊宇杰

2018年6月,中国科学技术大学一年一度的研究生毕业典礼如期而至。

化学与材料科学学院教授熊宇杰身着红色导师服,站在礼堂的演讲席上,既作为老师又作为学长,和同学们分享了自己的人生经验。

这位年轻的化学家,是中国科学院"百人计划"入选者,首批国家"青年千人计划"入选者,年仅32岁就晋升为教授、博士研究生导师。

虽然年少有为,但在熊宇杰看来,人生没有捷径,只有适合与不适合之分。人生百味,走点弯路没什么,酸甜苦辣才是人生精彩之处。

■ 好奇心打开科学之门

23年前,凭借对物质世界的好奇心,17岁的熊宇杰在获得保送上大学的机会时,选择了中国科学技术大学,进入与少年班共同培养的零零班学习。

当年的中国科学技术大学还是五年制本科。2000年,熊宇杰以优异的成绩提前毕业,直接保研,成为中国科学院院士谢毅的弟子。2004年,熊宇杰又提前一年获得中国科学技术大学无机化学博士学位,赴美国华盛顿大学(西雅图)从事博士后研究,师从著名材料学家夏幼南教授。

虽然学习上一路高歌猛进,但生活中的熊宇杰却是个"慢性子"——说话慢条斯理,做事严谨细致。他常说,支持自己一路"高歌猛进"的动力,是"对未知世界的好奇心"。

熊宇杰从小就爱问"为什么",对于他那些奇奇怪怪的问题,父母总是耐心解答。20世纪90年代,计算机、电子信息是高校里最受欢迎的专业。大学伊始,受环境影响,熊宇杰毫不犹豫地选择了计算机专业。

一个学期后，熊宇杰发现自己的兴趣还是化学。在与老师和父母沟通后，他得到了"遵循内心"的建议。得益于中国科学技术大学自由选择专业的优势，熊宇杰重新选择了化学专业。之后的发展证明，熊宇杰的及时"刹车"与"重新定位"是正确的。

熊宇杰发现，科学问题无穷尽，关键是要多问几个"为什么"，很多课题的发展其实都来源于偶然的发现。

熊宇杰的研究领域是固体催化材料体系。一次，一个学生在文献上看到，金属纳米颗粒在加入过氧化氢时可以促进化学发光。后来在重复实验的过程中，这个学生偶然发现，在还没来得及添加过氧化氢时，纳米颗粒就已经使染料变色了。为什么呢？经过反复实验和思考，熊宇杰和他的学生发现，原来是金属纳米颗粒快速地将空气中的氧分子活化，进而氧化了染料分子。那么，表面的氧分子是怎样被活化的呢？基于以上追问，熊宇杰与学生将此次发现成功发表在《美国化学会志》（*Journal of the American Chemical Society*，JACS）上。

2011年以来，熊宇杰研究组已在国际刊物上发表论文90多篇，其中在《美国化学会志》、《德国应用化学》（Angewandte Chemie International Edition）、《先进材料》（*Advanced Materials*）三大化学与材料期刊上发表通讯作者论文27篇。所发表论文中有基本科学指标数据库（Essential Science Indicators，ESI）高引论文23篇、ESI热点论文2篇，总引用16 000多次，连续4年入选爱思唯尔（Elsevier）"中国高被引学者（化学）"榜单。

■ 祖国与母校才有归属感

2010年，阔别中国科学技术大学6年的熊宇杰，接受导师谢毅的建议，决定回国看看。再次站在母校熟悉的校园里，看到国内日益完善的科研环境，他更加坚定了一个信念——回国，回到母校。

彼时的熊宇杰正在华盛顿大学（圣路易斯）国家纳米技术基础设施组织担任首席研究员，兼任纳米中心管理主任。在外人看来，已经结婚生子的他深受器重、年轻有为、生活稳定，正是大展拳脚的时候。

可是熊宇杰始终找不到自己的归属感。2007年，熊宇杰博士后出站，进入美国伊利诺伊大学厄巴纳-香槟分校，在日后成为美国工程院和科学院院士的John Rogers教授实验室工作。

这时的熊宇杰，研究目标从材料合成转到柔性器件的微纳制造，研究领域有了很大的变化。微纳制造偏技术，而当时技术主要掌握在韩国同事手中。

为了解决无机发光二极管（light-emitting diode，LED）微纳阵列的转移印刷及电极制作成功率较低的问题，他与韩国同事一起，每天工作14个小时，终于制造出世界首个可在各种高形变条件下工作的无机显示器件。一年半后，柔性可拉伸的无机LED显示器成果发表于《科学》。"其实我只有一个最朴素的愿望，就是把正在进行的项目进行下去，在外国人面前为自己争口气。"熊宇杰说。

2010年底，熊宇杰顺利入选中国科学院"百人计划"，并于次年3月正式到中国科学技术大学。飞机落地，脚踩在中国土地上的他觉得心里踏实了。回归中国科学技术大学5个月后，熊宇杰入选国家首批"青年千人计划"。

■ "教"与"研"都不能少

在回国之前，熊宇杰正在申请美国高校的教职，当时他最担心的就是教学。"在没有接触教学之前，我曾经觉得这可能是个负担。"在真正接触教学之后，他认为与学生交流非常有意义。

"教"是教育、教学，"师"在古文中有"师父"之义。两者合起来，教师最重要的职责就是教学和人才培养。回国之初，熊宇杰就开始授课，从2013年开设的研究生专业课程"材料与器件的微纳制造"，到2014年给本科新生开设的基础课程"无机化学"，一直持续至2018年。

熊宇杰（左一）指导研究生做实验

在教学实践中，熊宇杰渐渐对"教学相长、教研相长"有了深刻的认识。

比如，在讲授"无机化学"中"配位化学"这一章节的过程中，他就有了新的发现。在讲授"羰基化合物"这一概念时，教材里提到"红外光谱可以鉴别羰基化合物的几种配位方式"。在最初讲授的两年间，熊宇杰没有认真思考为什么可以利用红外光谱鉴别。在讲授这一课程的第三年，熊宇杰正在做一个课题——"光催化剂的金属催化位点设计"，里面涉及"判断金属表面的电子密度是否有提高"这一问题，但他却始终找不到解决方法。在备课过程中，他突然想到：为什么不用羰基作为探针，利用红外光谱来识别电子密度呢？之后，经过与做催化的同事探讨后，问题迎刃而解。

在每年新学期伊始的"无机化学"课程的开学第一课上，熊宇杰都有一个相同的开场白："化学是认识和创造物质的科学。"一开始，学生都很茫然。"我知道其实几乎没人相信我这句话。"熊宇杰深知自己的责任——在课程结束后让学生能深刻体会到这句话的含义。

春华秋实，硕果累累。2011年以来，熊宇杰已培养4名博士后、15名博士毕业生、5名硕士毕业生和3名访问学者。其中，1名博士后入选"欧莱雅-联合国教科文组织世界最具潜力女科学家计划"和"中国未来女科学家计划"，1名研究生获"中国科学院优秀博士论文"，2名研究生获得"中国科学院院长特别奖"，11名研究生获得"研究生国家奖学金"。

（撰文：刘爱华）

敬业爱党 初心永挚

——记中国科学院沈阳科学仪器股份有限公司离休干部贾国香

贾国香

2017年10月18日,党的十九大在北京召开,习近平总书记向大会做了题为"决胜全面建成小康社会 夺取新时代中国特色社会主义伟大胜利"的报告。

与此同时,远在辽宁沈阳一栋20世纪80年代的老式住宅楼里,一位老人坐在电视机旁,全神贯注地聆听总书记的报告。虽然家距北京人民大会堂700多千米,但老人仿佛与总书记面对面、心连心,报告里的每一句话老人都铭记于心。

特别是听到总书记在报告中提到"坚决打赢脱贫攻坚战"时，老人激动的心情久久不能平复。他提起笔，给所在党支部和离休单位党委写了一封信："党的十九大把决胜全面建成小康社会作为新的奋斗目标，脱贫是其中的重要工作之一，我愿一次交党费10万元。如有可能，请作为脱贫之用。"

贾国香缴纳10万元特殊党费收据

这位老人名叫贾国香，熟悉他的人都知道，这已经是老人第二次缴纳特殊党费了。上一次是在2015年，恰逢纪念中国人民抗日战争胜利70周年，而那一次老人缴纳的特殊党费是整整20万元。

敬业爱党六十载

贾国香已经92岁高龄了，是一个有着70年党龄的老党员。离休前，他是中国科学院沈阳科学仪器股份有限公司（以下简称沈阳科仪公司）的干部。

从1948年参加中国人民解放军到1978年转业，贾国香一直在部队工作，先后担任文书、参谋、科长、县武装部副政委等职。转业后，他就职于沈阳科仪公司，担任武装部长、物资处副处长，工作兢兢业业，平时乐于助人。1985年，他光荣离休，但一直保持着共产党员的本色和老战士的光荣革命传统，过着简朴的生活。

时至今日，只要一提到贾国香，在认识他的人印象里还是那个善良质朴、脸上永远带着温暖笑意的"好老头儿"。而这位老人第一次被更多的人熟知和尊敬，是在2008年。

2008年汶川地震发生、举国哀痛之时，贾国香失眠了。他每天守在电视机前，心情无比沉重，时刻关注着汶川，关注着那里的受灾群众，眼睛里不时闪烁着泪花。

2008年5月14日一大早，他就打电话到单位党委办公室，询问什么时候组织为灾区捐款。当得知单位正在着手安排这项工作时，他立即捐出了1000元，之后又拿出2000元交给公司党委，作为自己的抗震救灾特殊党费。6月初，他从电视上得知，沈阳电视台正在组织"沈阳市民一千双大手牵动地震灾区一千双小手"行动，征集1000位爱心市民每人拿出1000元钱，资助四川安县1000名在地震中失去家园的学生重返校园。他立即给沈阳电视台打电话，表示自己愿意拿出5万元积蓄，资助50名灾区孩子，让这些在灾难中失去家园的孩子能够重返校园。贾国香的收入只有每月的退休金，且他与老伴都体弱多病，这5万元是他多年的积蓄。

贾国香

■ 时时刻刻惦记党

无论是奋斗在岗位第一线还是离休后，贾国香都保持着对党的理论知识和时政的高度关注。他时刻保持着共产党员的先进性，积极参加单位组织的各项政治活动，思想和行动上能始终与党中央保持一致，特别是在重大历史时期和关键时刻能够坚持在党言党、在党忧党、在党为党，始终坚持共产党员本色。

他通过读书、看报、听新闻等方式，认真学习中共中央各类会议精神，在工作和生活中都能坚持用党的理论指导自己，用党的理论检验自己，时时刻刻与党保持一致。

■ 勤俭一生不为己

2015年9月正值举国庆祝中国人民抗日战争胜利70周年暨世界反法西斯战争胜利70周年纪念日前夕，贾国香毅然决定，拿出自己半生积攒下的20万元积蓄，作为自己这个已经66年党龄的老党员向党缴纳的特殊党费。

贾国香缴纳20万元特殊党费收据

得知此事后，辽宁省直属机关工作委员会领导、中国科学院沈阳分院和沈阳科仪公司负责同志一起来到贾国香家中探望。当大家看到老人住在一间几十年楼龄的老房子，狭窄的空间甚至无法让大家全部坐下，屋子里依然是几十年的老家具，地上铺着褪了色的地板革时，越发对眼前这位老人肃然起敬。

贾国香说："我本来是一个农民，是党把我培养成了一名解放军战士和一名干部。比起党对我的恩情，我拿出这点积蓄又算得了什么。"听了这些话，在场的所有人无不动容。

"三十万元特殊党费，不忘党员初心；七十载超长党龄，牢记党员使命。"贾国香始终以实际行动践行着自己的入党誓词和共产党人"为中国人民谋幸福，为中华民族谋复兴"的初心和使命，体现了中国科学院老一辈工作者爱党敬业、简朴无私的优秀品质。

（撰文：刘月鹏）

电子会议系统的"幕后英雄"

——记中国科学院成都信息技术股份有限公司办公自动化事业部副经理崔喆

崔喆

"科研技术人员埋头苦干、日夜奋战、无私奉献、统筹兼顾,充分展现了科技国家队一流的科研实力、工作水平和良好的精神风貌。"这是中共中央办公厅给中国科学院发来的感谢信中的一段内容。

2016年,中国科学院成都信息技术股份有限公司(以下简称中科信息)承担了国家重大会议选举系统更新改造项目。经过紧张的研制工作,2017年8月,全新升级的选举系统正式入驻会场,并顺利完成了电子选举服务保障工作。

此次带领团队出色完成任务、为选举顺利进行保驾护航的"幕后英雄",正是中科信息办公自动化事业部副经理崔喆。

■ 护航重大会议

自 1992 年至今，崔喆一直致力于可信计算、软件可靠性和机器学习等方向的研究与开发，多次主持重大课题项目，其团队研发的电子会议系统达到国内领先、国际先进水平。

2016 年，崔喆作为国家重大项目的技术负责人，组织团队投入紧张的研制工作中。经过项目组全体人员共同努力、攻坚克难，顺利完成了重大会议的电子选举服务保障工作。至此，中科信息会议系统"国家队"在 30 多年的时间里，已成功 8 次为党和国家重大会议选举工作保驾护航。

在此期间，作为大会选举技术总负责人和现场技术总指挥的崔喆，身上肩负着指挥和监督系统运行全过程的双重重任。在巨大的压力面前，他沉着冷静，操作无一差错，为选举的顺利进行提供了有力保障。

崔喆及其团队的卓越表现也得到了中央领导及相关部门的一致赞誉。大会结束后，中共中央办公厅给中国科学院发来感谢信，充分肯定了该项目组科研技术人员埋头苦干、日夜奋战、无私奉献、统筹兼顾的工作作风，赞扬项目组"展现了科技国家队一流的科研实力、工作水平和良好的精神风貌"。

■ 坚持科技创新

20 多年来，崔喆始终注重科技创新和科技成果转化工作。他怀着强烈的使命感与责任感，怀着对科研事业的热爱，团结和带领团队积极推进电子会议系统产业化，使中科信息研发的电子会议系统产生了良好的社会影响和经济效益，为推动我国民主政治建设发挥了积极作用。

科研有目标，创新无止境。如今，崔喆又带领他的团队整装出发，不断开发出一系列新产品，开拓全新的广阔市场。团队研发的系统已在多个国际会议上大展身手，成为中国科学院一张靓丽的"名片"。

截至 2018 年底，崔喆已累计发表研究论文 20 多篇，拥有发明专利授权 9 项、实用新型专利授权 7 项及软件著作权登记 14 项，培养硕士研究生 21 名、博士研究生 6 名。

对于科技创新的执着与坚持，也让崔喆及其团队收获了满满的荣誉：先后获得四川省科学技术进步奖一等奖 1 项、二等奖 1 项，中共中央办公厅科学技术进步奖（省部级）二等奖 1 项，党政机要密码科学技术进步奖（省部级）一等奖 1 项，2003 年入选中共中央组织部、中国科学院"西部之光"人才培养计划，2013 年再次入选"西部之光"联合学者，所在团队于 2010 年和 2015 年两次获国家人力资源和社会保障部、中国科学院联合颁发的"中国科学院先进集体"。2017 年，崔喆当选中国共产党四川省第十一次代表大会代表。

崔喆参加中国共产党四川省第十一次代表大会

■ 发挥表率作用

于科研工作之外，作为一名共产党员，崔喆更是以身作则，奉献自己，鼓舞团队。

在一次重要会议服务期间，作为各项工作的总调度师，崔喆除了把各项工作安排得妥妥当当外，还把最重要、最艰苦、最需要耐心的工作留给了自己。对他而言，能在凌晨 2 点前睡觉是一件很奢侈的事。通常情况下，他每天只能休息 4~5 个小时。

在项目推进过程中，崔喆每天都是第一个到达现场，最后一个离开，确保每项工作都亲自监督落实。在项目的关键节点，由于时间紧、任务重，团队成员无法按时吃饭和休息，他总是安排大家分批次进行，自己却常常坚守岗位。细心的同事发现后，主动提出要留下来值班，但崔喆总是会用坚定又和蔼的口气说："年轻的同志身体消耗快，我不打紧，你们先去。"但往往等到最后一批同事回到岗位时，他还在项目现场，继续与大家一起开展下一阶段的工作。

崔喆的奉献自己、引领带头的精神被同事们看着眼里、敬在心里，也激励着大家更加认真地完成每项工作，希望用自己的多一份努力，换他人的少一份辛劳。在同事们的心中，他永远是大家最敬爱的崔老师。

2018年6月29日，中国科学院庆祝建党97周年表彰交流大会在北京举行，崔喆荣获了中国科学院"新时代科技报国"优秀共产党员荣誉称号。

"在今后的工作中，我将会珍惜荣誉、谦虚谨慎、再接再厉、奋发进取，为中国科学院实现'三个面向''四个率先'目标做出更多的贡献。"崔喆的话语掷地有声。

（撰文：王 伟 罗东明 李 娟）